FORMULAIRE

POUR

CONTRATS DE MARIAGE

PAR

M. DE MADRE
Notaire à Paris.

TROISIÈME ÉDITION

PARIS

COSSE ET MARCHAL
Libraires de la Cour de cassation
27, PLACE DAUPHINE, 27

AUGUSTE DURAND
Libraire
7, RUE DES GRÈS, 7

1859

FORMULAIRE

POUR

CONTRATS DE MARIAGE

En vente, du même auteur, chez les mêmes libraires :

Formulaire pour inventaires.

Commentaire de la loi du 11 juin 1851 sur les ventes publiques et volontaires des fruits et récoltes.

Paris. — Imprimé par E. Thunot et Ce, rue Racine, 26.

FORMULAIRE

POUR

CONTRATS DE MARIAGE

PAR

M. DE MADRE

Notaire à Paris.

TROISIÈME ÉDITION

PARIS

COSSE ET MARCHAL
Libraires de la Cour de cassation
27, PLACE DAUPHINE, 27

AUGUSTE DURAND
Libraire
7, RUE DES GRÈS, 7

1859

INTRODUCTION.

La loi ne régit l'association conjugale quant aux biens qu'à défaut de conventions spéciales que les époux peuvent faire comme ils le jugent à propos, pourvu qu'elles ne soient pas contraires aux bonnes mœurs et aux art. 1388 et suivants du Code Napoléon.

Les époux peuvent déclarer d'une manière générale qu'ils entendent se marier sous le régime de la communauté ou sous le régime dotal. Au premier cas et sous le régime de la communauté, les droits des époux et de leurs héritiers sont réglés par les dispositions du chapitre 2 du titre v du livre III du Code Napoléon. — Au deuxième cas et sous le régime dotal, leurs droits sont réglés par les dispositions du chapitre 3 du même titre.

A défaut de stipulations spéciales qui dérogent au régime de la communauté ou le modifient, les règles établies dans la première partie dudit chapitre 2, forment le droit commun de la France.

Toutes conventions matrimoniales doivent être rédigées avant le mariage par acte devant notaire.

Telles sont les dispositions des art. 1387, 1391, 1393, et 1394 du Code Napoléon qu'il nous a paru nécessaire de reproduire en tête de ce formulaire.

De tous les actes de la vie civile, le contrat de mariage est celui qui influe de la manière la plus considérable sur la constitution de la famille et souvent sur son harmonie intérieure, sur la conservation de la fortune et du rang social. — Une liberté aussi étendue dans le choix des conventions matrimoniales serait donc périlleuse pour les parties même appelées à en profiter, si celles-ci n'étaient forcément amenées à prendre conseil d'un homme d'expérience dans ce moment de grave délibération et obligées légalement de lui abandonner le soin de formuler ces conventions.

Aussi, nous disions en publiant la première édition de ce travail : qu'il fallait s'attacher avec sollicitude à bien comprendre et au besoin à bien diriger les vues des parties ; — Qu'une fois leurs intentions bien éclairées et bien arrêtées, on devait se garder d'en inventer légèrement l'expression ; qu'il fallait au contraire, autant que possible, en ramener les termes aux formules que l'expérience avait dictées et dont la jurisprudence avait souvent fixé la portée.

Massé, dans son *Parfait notaire*, publié en 1815, s'exprimait ainsi :

« La multiplicité des coutumes diverses qui régissaient le terri- » toire de l'ancienne France, et qui en faisaient comme un nombre » infini de petits États qui avaient tous leurs mœurs, leurs lois et » leurs usages particuliers.... avait introduit et maintenu dans » une partie de la France une foule infinie de formules pour la » même nature de contrats, aussi disparates par le style que par le » fond des idées... On a tenté à plusieurs époques de remédier à » cet inconvénient ; il fut même rendu un édit qui ordonnait à » tous les notaires de faire les contrats de mariage dans la forme » adoptée par les notaires de Paris ; mais le défaut d'uniformité » dans la législation civile s'opposa toujours à l'exécution de cet » édit, et il tomba en désuétude...

» L'uniformité est aussi désirable en matière de formules d'actes » qu'elle l'était en matière de législation civile avant le nouveau » code. C'est par elle que la marche des notaires deviendra plus » ferme et plus assurée, c'est par elle que doit se tarir une des » sources les plus abondantes des procès, l'obscurité des conven-

» tions. Mais à moins d'une loi positive, on ne peut espérer d'arriver » à cette uniformité qu'autant que l'art de rédiger les formules » aura été beaucoup perfectionné; car on n'a le droit de s'attendre » à voir universellement imité que ce qui mérite de l'être. »

Nous n'avons pas la prétention d'atteindre par nos propres forces à ce but élevé d'utilité publique; mais, après une longue pratique des affaires, durant laquelle nous avons constamment pris note avec soin de toutes les formules dignes d'attention qui passaient sous nos yeux, ou que nous avions à élaborer avec des confrères ou des jurisconsultes, il nous a paru que ce serait travailler à l'unité et à la clarté du langage dans la matière où la rédaction peut offrir le plus de péril, que de publier notre scrupuleuse compilation.

La France n'est plus divisée en deux grandes parties ayant des habitudes profondément distinctes et imposant aux praticiens, comme autrefois à nos législateurs, un pacte particulier. Le régime de la communauté a fait de larges conquêtes dans les pays de droit écrit, et ce n'est plus aujourd'hui dans le ressort de Bordeaux seulement que les partisans du régime dotal adoptent une société d'acquêts. D'un autre côté, les avantages du régime dotal modifié par cette société d'acquêts trouvent de nombreux partisans dans les pays de droit coutumier. Nous n'avons jamais vu des époux faire un contrat de mariage pour adopter le régime de la communauté légale sans modification. Nous avons vu rarement adopter par contrat le régime dotal pur et simple. En effet, le régime de la communauté légale est, comme le disait au tribunat M. Duverrier, au nom de la section de législation, dans la séance du 19 pluviôse an 12, le régime des mariages pauvres qui n'ont aucune fortune à constater dans le présent, aucun patrimoine de famille à recueillir et qui fondent leurs espérances sur le produit de leur travail commun. Le régime dotal, d'un autre côté, en donnant à la femme la conservation de sa dot au prix de son éloignement à tout partage de bénéfices et en immobilisant les fortunes, est devenu profondément antipathique dans la majeure partie de la France aux populations qui sont avides de profit, de bien être matériel et de mouvement de fortunes.

Sans oser nous permettre de poser des bases sur le choix du régime conventionnel auquel les époux doivent s'arrêter, suivant les conditions de chacun d'eux, il ne paraît pas hors de propos de soumettre ici quelques réflexions qui peuvent conduire à adopter tel ou tel régime. — Trop de personnes d'ailleurs jugent et décident en cette matière sur des idées préconçues, attachées au simple titre de tel ou tel régime.

Il n'est pas douteux que le régime de la communauté conventionnelle tel que les mœurs l'ont fait, c'est-à-dire le régime de la communauté réduite aux acquêts, ne doive être le régime de l'immense majorité des époux. Il est le régime nécessaire de tous ceux qui s'unissent avec un faible capital ou avec un capital ne présentant point d'excédant sur les besoins des affaires dans lesquelles ils doivent en commun faire prospérer leurs deniers, féconder leur travail et grandir leur maison.

Mais il importe à la stabilité de l'État, autant qu'à la morale publique, que les classes de citoyens élevés par une position sociale honorablement acquise ne soient point à tout moment bouleversées par les catastrophes de fortune où peut conduire, sous le régime de la communauté conventionnelle, l'imprudence ou l'inexpérience du chef de la famille. En remplacement de la classe privilégiée qui, dans l'ancienne société française, possédait à perpétuité par un simple droit de naissance à l'aide des substitutions et des majorats une grande situation transmissible de mâle en mâle, il est important de créer une classe de citoyens qui, pendant une génération au moins, ait des loisirs assurés dans une existence au-dessus du besoin, pour acquérir plus facilement une vaste instruction et pour d nner gratuitement un dévouemeut utile dans les affaires d'intérêt public. Pour cela, il faut prendre un point d'appui viager dans les priviléges qu'il est possible, suivant nos lois, de constituer au profit des femmes. Le régime dotal peut être cette pierre fondamentale.

En le modifiant de manière à permettre l'aliénation de tous biens dotaux à charge de remploi, il conserve la fortune de la femme sans créer des biens de mainmorte, sans retirer de la circulation des valeurs qui multiplient la richesse du pays par leur mouvement ;—en ne sauvegardant que la fortune de la femme dans le ménage, il laisse la fortune du mari exposée à bon droit aux rigueurs des créanciers produits par l'imprudence ou les malheurs du chef de famille, sans protéger, *per fas et nefas*, contre leurs propres dilapidations, ceux à qui l'ancien droit permettait de repousser impunément tous créanciers ; — En garantissant la mère de famille contre l'administration inexpérimentée ou coupable de son mari, il évite que les conséquences d'un mal atteignent et surprennent celle qui en est innocente, et il ne blesse point les sentiments du juste et de la morale ; — En arrêtant la famille compromise par l'administration de son chef sur la pente d'une ruine complète et en bornant la durée de cette protection à la durée du mariage, c'est-à-dire à la vie du père ou de la mère de famille, il force de jeunes générations à réfléchir sur la nécessité de conquérir par le travail et de conserver par l'honorabilité un crédit d'estime publique et de sympathie qui relève toujours, quand il profite à ceux qui ne sont point encore descendus complétement de l'échelle sociale ou de la fortune.

Sous le régime de la communauté, quelles qu'en soient les modifications, la seule voie ouverte en cas de mauvaise gestion du mari pour protéger la fortune de la femme est la voie judiciaire d'une séparation de biens. Cette mesure extrême qui n'atteint jamais entièrement son but, parce qu'elle arrive tardivement, après avoir été arrêtée dans ses jours d'opportunité par des répugnances légitimes inhérentes à l'éclat de sa publicité, déplace l'autorité dans la famille, crée à la femme une indépendance complète dans la disponibilité de ses revenus, et lui permet de dissiper à son tour sa fortune mobilière. — Le régime dotal, par ses mesures protectrices, rend inutile le recours à une séparation de biens, et quand bien même, par une conséquence de l'une des modifications qu'il est permis d'apporter à ce régime, ou par le résultat de la composition de la fortune de la femme, une partie de cette fortune serait soumise aux périls de l'administration du mari, le danger ainsi limité ne rendrait pas absolument nécessaire de recourir à la séparation de biens.

Le régime dotal aide donc puissamment à maintenir la position sociale de la famille, y assure des moyens d'existence et sauve jusqu'à un certain point la fortune par la femme, sans être obligé de créer à celle-ci l'indépendance.

Ce régime devrait être demandé par les deux familles qui s'unissent au nom du jeune ménage qu'elles fondent, aux points de vue les plus élevés d'existence et de bonheur. La famille du mari particulièrement, qu'on trouve trop souvent hostile à ce régime parce qu'elle croit y reconnaître une preuve de méfiance qui n'est point sincèrement admissible au moment où se donnent et s'échangent les témoignages les plus sérieux de confiance et d'estime, devrait, en l'absence de lois qui sauvegardent la fortune du mari, être heureuse de se saisir des moyens honorables et sûrs de sauvegarder la fortune de la femme.

Le droit romain, ainsi que l'atteste un vieil adage du jurisconsulte Paul, *Reipublicæ interest dotes mulierum salvas esse*, attachait une grande importance à protéger le patrimoine de la femme. La Grèce avait aussi entouré la dot de mesures conservatrices, et cependant nous sommes loin sous ces deux législations de la position faite par le christianisme à la femme dans la famille. Le mari n'achète plus sa femme, ou dans un tout autre ordre d'idées, créé par l'émancipation de la femme aux temps de la civilisation païenne, il ne lui vend pas un peu de liberté au prix d'une dot. La femme française s'appartient aujourd'hui, elle se donne librement en mariage sans être livrée par sa famille; elle ne peut recevoir de son époux mourant l'ordre testamentaire de se donner à un autre époux, ainsi qu'il advint à la mère de Démosthènes; son mari ne peut plus la mettre à mort pour des motifs raisonnables, comme l'y autorisait sur le sol même de la France un capitulaire de Louis le Débonnaire ; elle n'est plus exposée, comme la femme romaine qui s'était mariée sans confarréation ni coemption, à être actionnée durant le mariage par son mari pour le dommage qu'elle pourrait avoir apporté par sa faute dans les objets de toilette et de luxe qu'il lui aurait prêtés ou à être forcée par son père, resté légalement son tuteur, à divorcer d'avec un mari qu'elle aime, ou enfin à tomber sous la tutelle légale de ses fils âgés de plus de vingt ans. La femme française est, après le décès de son mari, tutrice de ses enfants ; elle est, du vivant de son mari, une compagne affectueuse qui partage sa vie, ses douleurs et ses joies, et de même qu'entre deux associés la disparité des apports n'altère en rien l'estime due à chacun d'eux, aucun homme dans notre société actuelle n'est humilié, s'il est pourvu d'honorabilité et de capacité, de venir sans argent solliciter la main d'une riche héritière ; et personne ne pensera avec Lycurgue et Platon que cette femme deviendra insolente et son mari sera rampant et esclave devant elle à cause de la dot qu'elle aura apportée.

Enfin, dirons-nous, sous le régime de la communauté conventionnelle la femme conserve la liberté d'engager par sa signature ses biens présents et à venir, de sorte que, quelles que soient les prescriptions de remploi imposées dans le contrat de mariage, son avenir peut être compromis. Au contraire, le régime dotal empêche la femme de signer utilement aucune espèce d'engagement, et il la délivre ainsi des sollicitations d'un mari embarrassé, auxquelles la femme ne peut se soustraire le plus souvent sous le régime de la communauté qu'en sacrifiant la paix et la bonne harmonie dans l'intérieur.

Nous avons supposé que le régime dotal, même avec les modifications ci-dessus exprimées, ne serait adopté que par des époux ayant une position de fortune acquise. — Dans ce cas, il importe peu que le mari soit gêné, dans des spéculations non nécessaires, par l'impossibilité d'engager la signature de sa femme. La morale publique, le bonheur des familles et le repos de l'État n'ont rien à gagner à ce que le désir insatiable d'avoir ou l'avidité des aventures soient sans frein et à ce que des catastrophes de jeu scandalisent l'honnêteté publique et plongent inopinément une famille dans la ruine. — Le besoin d'émotion et d'ambition égare un grand nombre d'esprits inquiets dans les séduisants appâts de la Bourse, et nous assistons à des exécutions qui, en bouleversant les existences dans les familles, en détruisant l'harmonie des liens sociaux, grandissent par des voies aventureuses presqu'aux premiers rangs de la fortune et pour ainsi dire de la considération publique, des personnes en bon nombre qui découragent les esprits honnêtes, troublent les idées sur les nécessités morales aussi bien que sur le choix fécond du travail, et préparent à l'État des dangers plus sérieux et plus intimes que ceux qui se sont produits sur la place publique. — Effectivement, le caractère d'un homme ruiné par des spéculations éprouve de telles atteintes, que cet homme devient presque toujours un mauvais citoyen. Au contraire, c'est créer dans la famille, et par suite dans la société, des éléments de stabilité, de satisfactions honnêtes et de durée que de substituer à la fièvre brûlante d'acquérir de l'or quand même, ou de réparer sa ruine, une calme émulation du travail dans une aisance assurée, un besoin d'honneur et d'étude dans la conservation de son rang, qu'aucun citoyen ne peut soutenir sans effort ni valeur personnelle.

Il semble donc que le mieux à faire soit d'emprunter aux deux régimes leurs avantages et de répudier leurs inconvénients en mêlant les régimes, comme la providence a mêlé dans notre France favorisée les pays de droit écrit et les pays de droit coutumier. Et ce but paraît atteint dans la formule de régime dotal avec société d'acquêts que nous indiquons sous les n°s 47, 48 et 55 de ce recueil.

Ainsi seront écartés les motifs de répulsion qu'à bon droit l'on trouvait contre le régime dotal non modifié, et l'on aura donné satisfaction aux reproches qu'un des plus éminents jurisconsultes de notre époque indiquait ainsi et discutait longuement avec une grande pénétration (Troplong, préface de son *Traité du contrat de mariage*) :

« Si le régime dotal est conservateur, il est stationnaire.... — Il » préserve la femme de toute perte, mais il ne l'associe à aucun » progrès.... — Il ne sait pas tirer parti de la diligence laborieuse » de la mère de famille.... — Il ôte à la femme toute émulation en » attribuant au mari seul tous les bénéfices des soins actifs de la » femme.... Au point de vue économique, il soustrait des biens au » mouvement de circulation qui donne une si prodigieuse valeur. »

On reprochait aussi au régime dotal d'être immoral à cause des fraudes qu'il occasionnait et du préjudice qu'il causait souvent aux tiers de bonne foi; mais la loi du 10 juillet 1850, en obligeant les parties à faire constater dans l'acte même de la célébration civile du mariage si elles ont ou si elles n'ont point fait de contrat, et dans le premier cas à indiquer le nom et la résidence du notaire détenteur de ce contrat, dont la date doit être exprimée, a rendu impossibles pour tous nouveaux mariés et pour les tiers traitant avec eux ces conséquences regrettables.

Après avoir parlé des modifications principales qui sont ordinairement apportées aux deux grands régimes de la communauté légale et du régime dotal, nous dirons quelques mots de deux régimes qui ne peuvent être considérés comme de simples modifications du régime de la communauté légale, puisqu'ils sont complétement exclusifs de la communauté, c'est-à-dire de la séparation de biens et du régime de non communauté.

Le régime de non communauté est à peine connu dans la pratique; il prive injustement la femme de toute participation aux bénéfices que le mari peut obtenir dans la gestion des deux fortunes réunies, et il ne lui donne en compensation aucune garantie particulière, car il laisse la fortune de la femme exposée, comme sous le régime de la communauté, à toutes les chances de l'administration du mari.

Le régime de la séparation de biens, qui était le droit commun dans tous les pays de droit écrit comme chez les Romains (Troplong, *Contrat de mariage*, page 55 du tome Ier), mais que personne ne regrette de voir remplacé en France sous l'empire du Code par le régime de la communauté légale, est encore de nos jours appliqué quelquefois, bien qu'il ne réponde pas dans l'intérieur de la famille à la communauté d'existence que créent les liens du mariage, et qu'il désunisse les intérêts là où la religion et la loi unissent les époux. Il peut être commandé par des intérêts très-sérieux; par exemple, lorsqu'une femme ayant des enfants d'un premier mariage ne veut point abandonner l'administration de la fortune de ces enfants, elle peut, dans une sage sollicitude, adopter le régime de la séparation de biens, qui lui donne mieux qu'aucun autre la possibilité de conserver par son administration personnelle et de continuer à protéger les intérêts de ces enfants. — Ce régime est encore nécessaire si le futur époux peut être exposé à des poursuites de la part de créanciers parce qu'il garantit complétement la future et soustrait son mobilier personnel à toutes saisies de la part desdits créanciers.

Ce régime, en obligeant à faire état détaillé des objets mobiliers appartenant en propre à chaque époux, et à prouver durant le mariage par facture ou par signes visibles la propriété de tous nouveaux objets mobiliers, a quelque chose de blessant pour les époux aux yeux mêmes des amis de la maison. Pour obvier à ce grave inconvénient, il est possible, dans le cas où ce régime n'a pas pour but de protéger le mobilier de la femme contre lesdites saisies, de stipuler une société de tous objets mobiliers proprement dits, autres que créances, rentes et valeurs de cette nature (Voir formules nos 36, 40 et 59).

Quelles que soient les modifications que les parties veulent apporter au régime de la communauté légale ou aux autres régimes que le Code pose en exemples, il est nécessaire d'être en garde contre toute invention nouvelle, et il nous paraît nécessaire d'appeler prudemment l'attention sur quelques principes généraux qui sont incontestables et qui peuvent aider soit à préserver contre toute innovation, soit à guider dans l'adoption de certaines modifications.

Une première règle qui domine toutes modifications, c'est que les lois qui régissent la personne, abstraction faite des biens, sont toujours des lois d'ordre public, d'organisation sociale auxquelles il n'est pas permis de déroger (Dalloz, *Répertoire*, au mot CONTRAT DE MARIAGE, n° 91.).

Chaque régime d'association a, dans le Code, des règles qui lui sont propres, mais il n'en résulte pas qu'il soit défendu aux époux, adoptant un régime, d'emprunter des règles à un régime différent et de combiner ainsi un système mixte d'association. Il suffit que ces dispositions dans leur ensemble n'aient rien d'incompatible (Dalloz, n° 154, *loc. cit.*).

Dans les divers régimes prévus par la loi, l'administration n'est jamais confiée qu'au mari seul ou à la femme seule selon la distinction des biens. Toute clause qui imposerait une administration à exercer par les deux époux conjointement ou un consentement à demander par le mari à la femme serait nulle (Dalloz, n° 102, *loc. cit.*).

Sous tous les régimes, la femme peut se réserver l'administration totale ou partielle de ses biens (Dalloz, n° 102, *loc. cit.*).

La femme peut, en se réservant cette administration, mettre en société tout ou partie des fruits de ses biens et constituer ainsi une communauté plus restreinte que la société d'acquêts (Dalloz, *loc. cit.* n° 108.).

Le contrat de mariage ne peut limiter la capacité du mari ; ce serait lui infliger une honteuse diminution d'état que de l'astreindre à l'obligation de ne pouvoir aliéner ses biens soit d'une manière absolue soit avec l'autorisation de justice (Troplong, T. I, p. 75.).

On ne tolérerait pas une clause qui rendrait la femme chef de la communauté et qui par là lui donnerait autorité sur le mari. Il est de l'essence de la communauté d'avoir le mari pour chef. Il ne saurait en être dans la société conjugale comme dans une société ordinaire (Troplong, t. I, p. 75 et 76.).

Le régime dotal, et généralement tout régime conventionnel, ne peut résulter que d'une stipulation expresse et, en cas de clause insuffisante, l'interprétation ramène au droit commun, c'est-à-dire au régime de la communauté légale.

A côté de l'irrévocabilité des stipulations du contrat de mariage, il peut être utile de mentionner que : durant le mariage, l'un ou l'autre époux peut recevoir des donations et legs à la condition que les objets donnés ne tomberont pas dans la communauté, ou que la femme touchera le capital et les intérêts sur sa simple quittance pour en faire ce que bon lui semblera sans le concours de son mari; ce qui peut dans certains cas fournir aux père et mère, agissant sur la quotité disponible, le moyen d'atténuer certaines conséquences du contrat de mariage de leurs enfants.

Nous ne pouvions envisager le contrat de mariage dans le régime adopté par les époux seulement, car les apports et dots des époux et les donations qu'ils se font respectivement en vue du mariage font partie essentielle du contrat; « on y mêle, dit Troplong, des donations, des conventions de communauté ou de société, des pactes aléatoires, des contrats de bienfaisance et des contrats intéressés. Il est dans son ensemble la charte du foyer domestique. » Nous avons donc réuni également les formules qui s'appliquent à la rédaction des apport et dot des époux et celles qui s'appliquent aux donations faites entre les futurs époux. — Nous ne saurions trop encourager à faire bien comprendre aux futurs époux que les donations faites dans le contrat de mariage sont irrévocables, à la différence des donations qu'ils peuvent se faire durant le mariage et qui sont essentiellement révocables. Les considérations les plus graves, comme les sentiments de la plus simple prudence, obligent à mettre de la mesure dans les libéralités qui enchaînent pendant toute la vie et au delà du tombeau. Il n'est point d'union qui ne soit contractée sous des espérances de bonheur et de sympathie, et si chacun n'écoutait à ce moment que ses sentiments, tous les époux s'abandonneraient mutuellement leur fortune comme ils s'abandonnent mutuellement leur personne; mais l'expérience atteste de trop nombreuses déceptions pour que le conseil des époux ne considère comme un devoir de les mettre en garde et de les retenir. — Au jugement de Coquille (quest. 17 et 149), « ces donations ne sont bonnes que lorsqu'on y garde la » modération, la réserve, la dignité qui appartiennent à des per- » sonnes pénétrées du grand acte qu'elles préparent. » — Nous ne dirons pas que l'espoir d'obtenir et de conserver une donation puisse avoir sur certaines natures perverses une influence utile dans le bonheur domestique; nous aimons mieux arrêter l'attention sur le devoir, pour le père ou la mère de famille, de conserver aux regards de ses enfants la liberté d'user d'une portion de la quotité disponible pour accomplir au besoin une bonne justice distributive, et sur la nécessité pour tous d'avoir la liberté de reconnaître et récompenser des services par acte testamentaire. — Or les époux qui ont épuisé la quotité disponible dans leurs libéralités contractuelles ont perdu toute liberté de donner, et ne peuvent même plus faire un simple legs de rente viagère. — Ce qui nous amène incidemment à faire ressortir les conséquences fâcheuses pour une femme de la mise en communauté des objets à son usage personnel, même avec convention de reprendre leur valeur estimative, car la femme ne pouvant disposer des objets de la communauté n'a point le droit de léguer aucun de ces objets, même à titre de simple souvenir d'amitié; et rien n'empêche de parer à cet inconvénient par la réserve comme bien propre de tous objets mobiliers à l'usage personnel de chaque époux. (V. formule n° 6.)

Il nous paraît encore opportun de dire un mot dans cette introduction aux formules de contrat de mariage sur la nécessité de faire éclairer respectivement les époux sur la consistance et la valeur des apports en mariage de chacun d'eux. Il entre trop dans la nature de chaque propriétaire d'exagérer de bonne foi la valeur de ce qu'il possède pour qu'il ne soit pas sage et convenable d'échanger entre futurs époux des notes et justifications sur ce point. — En certains pays, et peut-être par une tradition qui rattache cet usage aux dons *ante nuptias*, il arrive fréquemment que le futur reconnaisse à la future une fortune supérieure à celle qu'elle apporte.— On ne saurait trop prémunir contre cette disposition qui produit de graves résultats dont les parties n'ont jamais le pressentiment. Le futur ne songe pas que si sa femme prédécède sans enfant, il aura à compter avec les père et mère de celle-ci d'une somme dont il n'a cependant entendu se dessaisir qu'au profit de sa femme, et que si elle laisse des enfants il aura à remettre de son vivant à ceux-ci, comme héritiers de leur mère, une portion de son propre patrimoine. Il échappe également au futur de voir, lorsque cet avantage prend la forme d'une augmentation de dot à la future par ses père et mère, que la future aura à rapporter cette augmentation de dot aux successions des donateurs apparents, et qu'en définitive le profit de cet avantage sera recueilli, non par la future, mais par les frères et sœurs de celle-ci. — Cet exemple prouve, avec mille autres, combien il importe de forcer les parties à rester dans la vérité des faits, et combien les conséquences pratiques d'une convention dissimulée sont souvent contraires aux résultats souhaités par les parties.

Nous n'étendrons pas davantage nos observations. Ce serait donner trop de développement à une simple introduction pour un modeste recueil.

TABLE DES MATIÈRES.

NOTA. — Certaines conventions pouvant être stipulées sous tous les régimes, il ne faut pas s'attacher d'une manière absolue à la place qu'occupent les articles à la suite de tel ou tel régime.

Pages.

CADRE POUR LA COMPARUTION DES PARTIES 1

ORDRE DANS LEQUEL LES ARTICLES DE CONTRAT SONT ORDINAIREMENT INSÉRÉS . . 5

TITRE PREMIER.

CONVENTIONS DE MARIAGE.

Formules.

1. *Adoption de la communauté* 9

2. Exclusion des dettes 9

3. Réserve de propres 9

4. Sur la réserve d'un office ministériel 10

5. Autre. (Pour une charge d'agent de change, *voir* Formule n° 79) 11

6. Reprise en nature d'objets mobiliers à l'usage personnel. (*Voir* encore Formules n°s 39, 40 et 77.) 12

7. Remploi volontaire 13

8. Remploi forcé 13

9. Autre 13

10. Préciput 14

11. Autre 14

12. Convention sur le mobilier 15

13. Faculté de reprendre le fonds de commerce 15

14. Sur les droits des représentants de la future prédécédée en cas d'association commerciale 17

15. Mention du droit pour la future de reprendre ses propres, francs et quittes. 18

16. Mise en communauté d'une somme fixe avec réserve des autres biens 18

17. Mise inégale dans la communauté avec réserve du surplus des biens 19

18. Communauté à titre universel des biens présents avec ameublissement 19

19. Communauté à titre universel des biens à venir 19

Formules. Pages.

20. Communauté universelle. 20
21. Attribution au survivant de la communauté en toute propriété. 20
22. Attribution au survivant de l'usufruit de la moitié revenant à l'époux prédécédé dans la communauté. 20
23. Attribution d'une quotité de la communauté autre que la moitié à certains des héritiers de l'époux prémourant. 21
24. Attribution forcée d'une somme fixe, *idem*. 21
25. Attribution du mobilier au survivant. 21
26. Autre attribution particulière de la communauté. 22
27. Autre. 22
28. Autre. 22
29. Autre. 23
30. Autre. 23
31. Faculté réservée à la femme et à certains de ses héritiers de reprendre sa mise en communauté franche et quitte. 24
32. Pouvoir à la future de toucher portion de ses revenus. (*Voir* aussi la Formule n° 54). 24
33. *Adoption du régime sans communauté*. 25
34. *Adoption de la séparation de biens*. 25
35. Société entre les époux. 26
36. Autre société moins étendue. 27
37. Présomption de propriété sur le mobilier et sur le bail. 27
38. Autre. 28
39. Convention sur le mobilier. 28
40. Autre. 29
41. Contribution aux charges 30
42. Autre. 30
43. Autre. 30
44. En cas d'enfants du premier lit. (*Voir* encore Formule n°s 89 et 90). 30
45. Sur la responsabilité du futur époux. 31
46. Sur les engagements contractés par la future. 31
47. *Adoption du régime dotal*. 31
48. Dotalité de biens. 32
49. Dotalité d'une quotité des biens à venir. 36
50. Biens paraphernaux et biens dotaux. 37
51. Autre. 37
52. Réserve particulière de doter des enfants de premier lit. 37
53. Réserve particulière sur les revenus de la future. 37
54. Autre. (*Voir* aussi la Formule n° 32). 38
55. Société d'acquêts. 38
56. Limitation de l'hypothèque légale de la future. 39
57. Autre. 40
58. Délai au profit de l'un des survivants. 40
59. Autre. 40

Formules. Pages.

60. Autre. 41
61. Révocation en cas de convol. 41
62. Révocation en cas de décès. 41

TITRE DEUXIÈME.

APPORTS PERSONNELS.

63. Un trousseau. 43
64. Prorata de revenus et deniers. 44
65. Fonds de commerce. 44
66. Rente sur l'État. 44
67. Créance hypothécaire. 44
68. Maison 44
69. Ferme. 45
70. Droits héréditaires indivis. 45
71. Autre 45
72. Explication sur une somme antérieurement remise et qui va être constituée en dot. (*Voir* encore Formule, n° 95.). 46
73. Explication réunissant les apports et dots. 46
74. Apport estimé à forfait de toute la fortune mobilière. 46
75. Autre apport à forfait avec ameublissement. 46
76. Apport de la future. 47
77. Apport mobilier de la future réservé en nature. 47
78. Apport d'un office de notaire ou autre. 47
79. Apport d'une charge d'agent de change et stipulation à ce sujet. 48
80. Mise sociale. 50
81. Reliquat approximatif de compte de tutelle. 50
82. Autre, et renonciation à usufruit par le survivant des père et mère. 52
83. Autre 54
Cadre du compte de tutelle à établir provisoirement en vue de l'une desdites rédactions
84. Apport de droits indivis avec un enfant de premier lit; explication sur une réserve de droit de retour stipulée sur une dot faite lors du premier mariage, et explication sur la conservation du fonds de commerce. . . 55
85. Apport de droits non liquidés et service assuré à titre de dot des intérêts de ces droits d'après une somme fixe. 56
86. Sur des retenues sociales dans des dividendes d'actions. 57
87. Sur un fonds de commerce à acheter ou sur un fonds de commerce à vendre avant le mariage. 57
88. Sur un fonds de commerce sans valeur. 58
89. Sur les frais de nourriture, d'entretien et d'éducation d'enfant de premier lit. 59
90. Autre. (*Voir* encore Formule n° 44). 59
91. Sur la nomination du cotuteur en vue du second mariage. 59

CONSTITUTIONS DE DOT.

Formules — Pages.

92. Imputation sur les successions des donateurs. 59
93. Un trousseau. 59
94. Une somme à payer. 59
95. Une somme déjà remise. (*Voir* encore Formule n° 72.) 59
96. Une créance hypothécaire. 60
97. Sur l'entrée en jouissance des biens donnés. 60
98. Estimation pour les rapports, pour le droit de retour et pour les reprises. . 60
99. Donation d'une somme avec faculté de se libérer en un immeuble que l'on hypothèque. 61
100. Donation de moitié d'un immeuble sous réserve d'usufruit, et sous condition d'une pension au profit du donataire. 62
101. Constitution de dot en une somme imputable sur des droits héréditaires non liquidés et sur compte de tutelle. 63
102. Don préciputaire et éventuel de fruits. (*Voir* encore Formule n° 129). . . . 63
103. Mention sur un résultat de compte de tutelle passif et sans intérêt. 63
104. Payement d'une somme à valoir sur des droits héréditaires indivis et convention relative aux fruits de ces droits. 64
105. Convention de nourrir et loger. 64
106. Donation d'une somme exigible au décès du donateur, avec hypothèque et faculté de transférer l'hypothèque. 65
107. Constitution de dot d'une rente viagère par des sœurs de la future, en attendant la succession des père et mère. 65
108. Rente viagère par une belle-mère et une grand'mère en attendant la succession de cette dernière. 66
109. Constitution d'une rente subordonnée à la vie du donateur et à un événement. 66
110. Constitution d'une rente remboursable sur le pied du cours de la bourse. . 67
111. Donation d'une quotité dans les successions à recueillir par les donateurs. . 67
112. Rente viagère assurée par un aïeul tant qu'il restera en possesion de la succession de sa femme. 68
113. Condition rétroagissant sur une précédente libéralité. 69
114. Supplément d'une dot garantie jusqu'à l'événement d'une succession. 69
115. Donation par des aïeuls à leur petite-fille avec imputation par le fils sur la succession des aïeuls et par la petite-fille sur la succession du fils. . . . 70
Modèle d'acte en cas de payement anticipé par le fils à la petite-fille.
Modèle de testament pour combiner la donation d'aïeuls avec des contrats de mariage contenant donation par le fils.
116. Constitution de dot avec imputation particulière à trois enfants de second lit au regard d'un frère consanguin. 72
117. Dispense de rapport de bénéfices sociaux. 75
118. Constitution de dot à un enfant naturel avec réduction de ses droits. 75

Formules. Pages.

119. Donation de biens présents et à venir. 76
120. Institution contractuelle en faveur d'un fils unique. 76
121. Autre, avec substitution au profit des enfants à naître. 76
122. Institution contractuelle en cas d'existence de plusieurs enfants. 77
123. Réserve de disposer. 77
124. Institution contractuelle de la quotité disponible sur la part d'un autre enfant. 77
125. Autre, des deux tiers de la quotité disponible plus d'autres immeubles . . . 78
126. Autre, de biens suivant leurs revenus. 78
127. Renonciation à demander aucun compte au survivant des donateurs. 78
128. En cas de compte et partage, imputation. 79
129. Don hors part de portion de fruits ou revenus dans ledit cas. 79
130. Réserve du droit de retour. 80
131. Autre. 80
132. Délai pour l'exercice dudit droit. 81
133. Obligation d'emplois successifs des biens grevés du droit de retour. 81
134. Désistement partiel du droit de retour dans le cas de secondes noces. . . . 81

TITRE TROISIÈME.

DONATIONS ENTRE ÉPOUX.

135. Donation universelle en toute propriété au profit du survivant. 83
136. Réduction à moitié en usufruit. 83
137. Réduction à un quart en toute propriété et à un quart en usufruit. 83
138. Disposition en cas d'ascendants. 83
139. Autre, contraire. 83
140. Dispense de caution et d'emploi. 83
141. Dispense de caution mais obligation d'emploi. 84
142. Caution en cas de convol. 84
143. Emploi en cas de convol. 84
144. Donation universelle en usufruit au profit du survivant. 85
145. Réduction en cas d'existence d'enfants de premier lit. 85
146. Réserve de disposer d'une somme nonobstant une donation universelle. . . 85
147. Réserve des habits du décédé. 86
148. Donation de l'usufruit des apport et dot du prémourant, et de sa part dans la communauté; stipulation pour le cumul d'une rente viagère. 86
149. Donation de l'usufruit d'une somme fixe. 86
150. Usufruit garanti d'une somme fixe minimum 87
151. Autre, d'après le cours de l'argent au jour du décès. 87
152. Donation mutuelle d'une rente viagère. 87
153. Donation d'une rente viagère à la future épouse. 89
154. Donation de deux rentes viagères, l'une invariable, l'autre variable suivant l'importance de la communauté. 90

Formules. Pages.

155. Donation d'une somme fixe en toute propriété. 90

156. Donation de même nature combinée avec un apport en nue propriété et avec une réserve de droit de retour 91

157. Révocation de donation en cas de convol. 91

158. Autre.. 91

159. Donation sans condition de survie. 92

160. Modèle de l'acte à rédiger pour constater la signature du Chef de l'État. . 93

161. Autre. 94

162. Modèle du certificat à remettre à l'officier de l'état civil avant la célébration du mariage, en exécution de la loi du 18 juillet 1850. 95

CADRE POUR LA COMPARUTION DES PARTIES.

PAR-DEVANT Me et Me , son collègue, notaires à soussignés.

ONT COMPARU :

M. (*indiquer les prénoms, nom, qualités et demeure du futur époux.*
majeur, étant né à le du mariage de M. et Mme X, ci-après nommés ;
Stipulant, en son nom personnel ; D'UNE PART.
M. (*prénoms, nom, qualités et demeure des père et mère du futur époux.*
Stipulant, à cause de la dot qu'ils vont constituer ci-après au futur époux ;
D'AUTRE PART.
Mlle (*prénoms, nom, qualités et demeure de la future épouse.*
mineure, étant née à le du mariage de M. ci-après nommé et de dame (*prénoms et nom de la mère de la future épouse*) aujourd'hui décédée.
Stipulant en son nom personnel sous l'autorisation de M. son père ;
D'AUTRE PART.
Et M. (*prénoms, nom, qualités et demeure du père de la future*).
Stipulant tant pour assister et autoriser la future épouse sa fille, qu'à raison de la dot qu'il va lui constituer ci-après.
Encore D'AUTRE PART.

Lesquels, dans la vue du mariage de M. et de Mlle dont la célébration doit avoir lieu prochainement à la mairie de en ont arrêté les conditions civiles de la manière suivante :

(*Viennent en cet endroit les conditions du mariage article par article; et l'on termine ainsi le contrat :*)

Telles sont les conventions des parties.

DONT ACTE.

Fait et passé à

L'an le

En présence des parents et amis ci-après nommés, savoir (*ou si l'on ne veut point indiquer les noms des parents et amis, on dit* : En présence des parents et amis soussignés) :

Du côté du futur.

. . . .

Du côté de la future.

. . . .

(*On indique d'abord les parents en suivant l'ordre de proximité; puis les amis.*)

Avant de clore, et conformément à la loi, M[e] l'un des notaires soussignés, a donné lecture aux parties des articles 1391 et 1394 du Code Napoléon, et leur a délivré le certificat prescrit par ce dernier article pour être remis à l'officier de l'État civil avant la célébration du mariage.

Après lecture faite, les parties, ainsi que leurs parents et amis, ont signé avec les notaires.

Si le futur époux est mineur, on le fait agir sous l'autorisation de ses père et mère, ou du survivant d'eux, ainsi qu'il vient d'être indiqué pour la future épouse.

Si la future épouse est majeure, on la fait agir en son nom personnel sans l'autorisation de ses père et mère, ainsi qu'il vient d'être indiqué pour le futur époux.

Si l'un ou l'autre des époux est veuf avec enfant, on a soin de l'indiquer après l'énonciation de ses prénoms, nom, qualités et demeure; ce qui se fait ainsi en deux mots, sans reporter à la ligne — VEUF AVEC ENFANT DE Mme (*prénoms et nom du premier époux décédé.*)

Si un tiers constitue une dot à l'un ou à l'autre des futurs époux, on indique sa comparution dans les termes indiqués ci-dessus pour les père et mère du futur époux après la comparution de l'époux donataire et de ses père et mère.

Si les père et mère de l'un ou de l'autre des époux ne font aucune constitution de dot, et si leur comparution n'est pas nécessaire pour autoriser leur enfant mineur, on ne doit pas les faire comparaître comme parties, leur présence doit être constatée seulement avec celle des parents et amis qui signent le contrat AD HONOREM.

Si l'un ou l'autre des époux mineurs ne peut être assisté de ses père et mère, du survivant d'eux, ou de ses aïeux, conformément aux articles 149, 150, 160 *et* 1398 *du Code civil, il est assisté et autorisé de son tuteur, en vertu d'une délibération de son Conseil de famille qui a fixé les conditions du mariage; cette comparution du tuteur est indiquée dans les termes suivants après la comparution de l'époux mineur :*

M. (*prénoms, nom, qualité et demeure du tuteur.*)
tuteur de Mlle future épouse, nommé à cette qualité qu'il a acceptée par délibération du conseil de famille de ladite demoiselle, prise sous la présidence de M. le juge de paix de le et spécialement autorisé à assister ladite demoiselle au présent contrat, et à consentir aux conventions et stipulations ci-après exprimées, suivant une autre délibération dudit conseil de famille prise sous la présidence du même juge de paix le dont une expédition est demeurée ci-annexée, après que dessus mention de cette annexe a été faite par les notaires.

ORDRE DANS LEQUEL SONT INSÉRÉES

LES STIPULATIONS ORDINAIRES

DANS LES CONTRATS DE MARIAGE.

COMMUNAUTÉ.

Jamais les époux n'adoptent, par contrat, le régime de la communauté légale sans modification; par suite, on ne s'inquiétera de ce régime qu'en le combinant avec les diverses modifications que stipulent ordinairement les parties.

1[ment]. — COMMUNAUTÉ RÉDUITE AUX ACQUÊTS.

Lorsque l'on stipule que la COMMUNAUTÉ SERA RÉDUITE AUX ACQUÊTS, *il peut s'élever la question de savoir : Si les époux doivent exercer la reprise du mobilier estimé dans le contrat, mais non détaillé dans un état ou inventaire. (Article 1499 du Code civil.) Par suite il est plus prudent de ne pas employer cette expression et d'arriver au but des parties par une autre voie, c'est-à-dire :* EN EXCLUANT LES DETTES, ET EN RÉSERVANT LES PROPRES.

1° Adoption du régime de la communauté. — 2° Exclusion des dettes. 3° Réserve des propres. — 4° Apport du futur époux. — 5° Constitution de dot au futur époux. — 6° Apport de la future. — 7° Constitution de dot à la future épouse. — 8° Réserve de droit de retour. — 9° Remploi des propres. — 10° Préciput et Convention sur le mobilier au profit du survivant. — 11° Mention du droit pour la femme de reprendre ses propres francs et quittes. — 12° Donation.

2ment. — COMMUNAUTÉ COMPRENANT UNE PARTIE DES BIENS MEUBLES OU IMMEUBLES DES ÉPOUX.

1° Adoption du régime de la communauté. — 2° Exclusion des dettes. — 3° Mise en communauté de valeurs mobilières ou ameublissement avec réserve du surplus des biens propres.

Les apports, dots et autres conventions de mariage sont indiqués dans le même ordre que sous le régime de la communauté d'acquêts. Seulement, le titre du n° 11 doit être remplacé par celui-ci :

Faculté réservée à la femme et à certains de ses héritiers de reprendre, en renonçant à la communauté, tout ou partie de sa mise en communauté franche et quitte.

3ment. — COMMUNAUTÉ UNIVERSELLE OU A TITRE UNIVERSEL.

1° Adoption du régime de la communauté. — 2° Mise en communauté et ameublissement. — 3° Attribution de la communauté.

Consulter, pour l'ordre des autres articles, les observations consignées ci-dessus pour le cas d'adoption de la communauté avec mise partielle.

EXCLUSION DE COMMUNAUTÉ.

1ment. — RÉGIME DE NON-COMMUNAUTÉ.

1° Adoption du régime de non-communauté. — 2° Apport du futur (1). — 3° Apport de la future (2). — 4° Garantie à la future des dettes contrac-

---

(1) *L'énonciation de cet apport n'est pas nécessaire, mais elle peut être utile à titre de renseignement, notamment pour l'inscription de l'hypothèque légale de la femme et pour la poursuite éventuelle du payement de ses reprises.*

(2) *Lorsque les objets mobiliers apportés en mariage par la future épouse peuvent être facilement reconnus à cause de leur nature, on se contente de les comprendre dans une énonciation générale. Dans le cas contraire, on en doit faire un état estimatif que l'on annexe au contrat de mariage.* (Voir, au surplus, la formule 40.)

tées pour son mari. — 5° Pouvoir à la future de toucher portion de ses revenus. — 6° Emploi des propres de la femme. — 7° Donation.

2^{ment}. — SÉPARATION DE BIENS.

1° Adoption de la séparation de biens. — 2° Contribution aux charges du mariage. — 3° Société de partie du mobilier. — 4° Présomption de propriété pour le surplus. — 5° Sur la responsabilité du futur époux. — 6° Sur les engagements contractés par la future. — 7° Donation entre époux. — 8° Apport du futur (1). — 9° Apport de la future (2).

On peut juger convenable de n'indiquer qu'une partie de la fortune de l'un ou de l'autre époux, par exemple des immeubles du mari, en vue de renseigner sur l'utilité de l'hypothèque légale ou du mobilier meublant de la femme, en vue de l'application de la formule n° 40. — Dans l'un de ces cas, il est bon de terminer le contrat par une explication qui portera pour titre : MENTION D'ORDRE, *et qui sera ainsi conçue :* Il n'est pas parlé dans le présent contrat du surplus de la fortune de ni de la fortune de , attendu les stipulations portées ci-dessus, article 1er.

RÉGIME DOTAL.

1^{ment}. — RÉGIME DOTAL SANS SOCIÉTÉ D'ACQUÊTS.

1° Adoption du régime dotal. — 2° Biens dotaux, leur emploi et leur aliénabilité. — 3° Biens paraphernaux, ou pouvoir à la future de toucher sur sa simple quittance une portion de ses revenus. — 4° Apport du futur (1). — 5° Apport de la future (2). — 6° Convention sur le mobilier. — 7° Donation.

2^{ment}. — RÉGIME DOTAL AVEC SOCIÉTÉ D'ACQUÊTS.

1° Adoption du régime dotal. — *Pour les numéros 2 et 3, voir le régime dotal sans société d'acquêts.* — 4° Stipulation d'une société d'acquêts. —

(1) et (2) Voir page 6.

5° Apport du futur. — 6° Apport de la future. — 7° Préciput et Convention sur le mobilier. — 8° Mention du droit pour la femme de reprendre en renonçant à la communauté d'acquêts ses biens propres francs et quittes. — 9° Donation.

OBSERVATION GÉNÉRALE.

Indépendamment des stipulations ordinaires qui ont trouvé leur place dans les cadres qui précèdent, il en est diverses autres, d'un usage fréquent, mais qui sont amenées par la position particulière des époux, par les constitutions de dot qui leur sont faites, ou par toute autre cause spéciale. Ainsi, il est ordinaire, dans un contrat de mariage de commerçant, de stipuler que le survivant aura la faculté de conserver le fonds de commerce exploité au décès du prémourant; il arrive quelquefois que les constitutions de dot faites aux époux ne sont consenties que sous certaines réserves. Toutes ces stipulations seront autant que possible formulées dans les articles ci-après.

TITRE PREMIER.

CONVENTIONS DE MARIAGE.

Les futurs époux adoptent le régime de la communauté, tel qu'il est établi par le Code civil, sauf les modifications résultant des articles ci-après. 1. Adoption de la communauté.

Les futurs époux ne seront pas tenus des dettes l'un de l'autre, qui seraient antérieures à la célébration du mariage, ou qui grèveraient les biens par eux recueillis pendant la durée de la communauté ; ces dettes seront acquittées par celui des époux qui les aura contractées, ou du chef duquel elles proviendront, sans que l'autre époux, ses biens, ou sa part dans la communauté, en puissent être chargés. 2. Exclusion des dettes.

Les apports en mariage des futurs époux ci-après constatés, ensemble les biens qui vont leur être constitués en dot, et les biens tant meubles qu'immeubles qui pendant la durée de la communauté écherront à chacun d'eux par succession, donation, legs ou autrement, seront exclus de la communauté, pour être repris lors de sa dissolution par chacun des époux ou ses représentants; de telle sorte que la communauté, à partager par moitié (*ou bien dans les termes et proportions exprimés ci-après sous l'article*), se composera uniquement des revenus des époux et des économies faites pendant le mariage. 3. Réserve des propres.

Toutefois, il est convenu :

Que ceux des objets mobiliers compris dans lesdits apports et dots, et qui sont estimés sous les n^os de l'art. et sous les n^os de l'art. appartiendront à la communauté pour le montant de cette estimation, et que la reprise à exercer ultérieurement à ce sujet se composera du montant de l'estimation dont il s'agit. — Ce qui amène comme conséquence que le futur époux pourra vendre seul sur sa simple signature, sans le concours ni la procuration de la future épouse, les rentes sur l'État ou autres valeurs comprises dans l'apport en mariage de la future épouse, et estimées sous signer toutes cessions et tous transferts, en recevoir le prix et en donner décharge ; que le futur époux profitera seul, de même qu'il souffrira seul du résultat final, quel qu'il soit, des entreprises non encore liquidées dont il sera question sous le n° de son apport en mariage (*dans ce cas et sous ce numéro d'apport, il faut dire quelle est la somme versée avant le mariage dans chacune de ces entreprises, pour aider à distinguer les sommes qui pourront être versées après le mariage*) ;

Qu'en cas de prédécès de la future épouse, ses père et mère ou l'un d'eux auront le droit, par application partielle du retour ci-après stipulé, de prélever pour le montant de la prisée qui en sera faite à cette époque et par imputation d'autant sur les reprises à exercer au nom de la future épouse, les habits, linge, hardes, bijoux et effets mobiliers qui auront été à l'usage corporel de la future, sans que le futur époux puisse avoir de droit d'usufruit ou autre sur les objets dont il s'agit, soit en vertu du présent contrat, soit en vertu de tous actes ultérieurs ;

Et que (l'état de fortune du futur époux ayant été arrêté, sous l'article ci-après, d'après les résultats de son inventaire commercial du dernier) la portion de bénéfices comme la portion de pertes qui peut résulter de la continuation des affaires, depuis cette époque jusqu'au jour du futur mariage, sera au profit ou à la perte de ladite communauté.

4\.

Conditions sur la réserve d'un office ministériel.

Particulièrement il est convenu : que, lors de la dissolution de la communauté, le futur époux ou ses représentants feront la reprise en nature de la charge de (notaire, avoué ou autre semblable), à , dont le futur époux est titulaire, ou de tout autre office qu'il pourrait obtenir ou acquérir pendant le mariage et du cautionnement y attaché, ensemble de tous les recouvrements qui seront à faire à cette époque, et qui sont considérés par les parties comme accessoires de cette charge, quel qu'en soit le montant, sauf bien entendu à indemniser la communauté des sommes principales qu'elle aurait pu payer au sujet desdites charge et cautionnement, mais sans avoir aucune indemnité à payer au sujet des déboursés effectués pendant la durée de la communauté et confondus dans lesdits recouvrements.

Le futur époux ou ses représentants faisant la reprise en nature de la charge de à , auront seuls droit au bail des lieux occupés par le futur époux pour son étude et son habitation, à la charge d'en payer les loyers et d'en exécuter toutes les conditions, de manière que la future épouse ou ses héritiers ne puissent jamais être recherchés.

Si ces lieux faisaient partie d'une maison dépendant de la communauté ou propre à la future épouse, il serait fait bail de ces lieux à dire d'experts au profit du futur époux ou de ses représentants pour un temps qui ne pourrait être moindre de neuf années.

Toutefois, dans les deux cas prévus sous les deux derniers paragraphes, la future épouse survivante aura le droit *personnel* qui lui est expressément réservé vis-à-vis les héritiers et représentants du futur époux, de conserver les lieux non affectés à l'étude pour le temps qui lui plaira et pour une contribution de loyer à fixer à l'amiable ou par experts.

Si le futur époux avait cédé sa charge pendant le cours de la communauté, il sera fait reprise par lui ou ses représentants du prix moyennant lequel cette cession aurait eu lieu et du remboursement de son cautionnement.

On pourrait modifier ainsi la réserve d'une charge de notaire ou autre semblable, A L'ÉGARD DES RECOUVREMENTS.

Particulièrement..... (*Copier jusqu'à* Y ATTACHÉ, *et continuer :*) sauf, bien entendu, à indemniser la communauté des sommes principales qu'elle aurait pu payer au sujet desdits charge et cautionnement. 3. Autre.

Le futur époux ou ses représentants reprendront en outre pour la somme qui sera fixée par trois membres de la chambre des du ressort, les recouvrements qui seront à faire à cette époque; dans lesquels recouvrements ne seront pas compris les comptes réglés et arrêtés, non plus que les avances étrangères aux affaires de l'étude.

Le futur époux ou ses représentants faisant la reprise (*copier ce paragraphe*).

Si le futur époux avait cédé (*copier ce paragraphe, et ajouter :*) A l'égard de la reprise à exercer pour les recouvrements d'étude, s'ils n'avaient pas été compris dans cette cession, l'importance en demeure fixée à forfait au même chiffre que celui indiqué ci-après sous le n° de l'article , pour le montant des recouvrements apportés en mariage par le futur époux.

On peut encore joindre à la réserve d'une charge de notaire ou autre semblable, la réserve du mobilier d'étude, et dire :

Autre.

Particulièrement il est convenu que lors de la dissolution de la communauté, le futur époux ou ses représentants feront la reprise en nature de la charge de, etc., ainsi que de sa bibliothèque, du mobilier de son cabinet et du mobilier de l'étude, le tout considéré par les parties comme accessoires de l'étude, sauf, 1° à indemniser, etc.; 2° à tenir compte de la valeur des recouvrements d'après l'estimation qui en sera faite par (*copier comme ci-dessus*); 3° et à tenir compte de la valeur des bibliothèques et autres objets mobiliers d'après la prisée de l'inventaire qui sera fait à cette époque.

Le futur époux ou ses représentants faisant la reprise (*copier la fin de l'article*).

« *On pourrait réserver au futur époux la faculté de retenir la charge soit* » *pour le prix d'achat, soit pour un autre prix fixé de suite à forfait dans le* » *contrat de mariage.* »

6.
Reprise en nature des objets mobiliers à l'usage personnel.

Il est convenu que les habits, linges, hardes, bijoux et autres objets à l'usage personnel des futurs époux, et par eux apportés en mariage, leur resteront propres en nature, et que lors de la dissolution de la communauté, chacun d'eux reprendra, comme représentation de cet apport, les habits, linges, hardes, bijoux et autres objets à son usage personnel, quelle que soit la différence de valeur qui puisse exister entre ces objets particuliers.

Lorsque les époux adoptent cette stipulation, il est tout à fait inutile d'estimer les objets mobiliers dont il s'agit; on ne doit les énoncer au contrat que pour ordre et d'une manière sommaire.

Le remploi des biens propres à l'un ou à l'autre des époux, qui seraient aliénés pendant le mariage, se fera conformément aux dispositions du Code civil, sans que les tiers aient à s'inquiéter du remploi, et la reprise provenant de ces aliénations s'exercera également dans les termes de la loi. 7. Remploi volontaire.

Cet article n'introduit aucun droit particulier; on le mentionne néanmoins afin qu'il soit possible d'en faire un extrait qui justifie aux tiers que le futur époux N'EST TENU *à aucun remploi des deniers de la future épouse.*

Nonobstant l'adoption du régime de la communauté, il est convenu que le futur époux devra faire emploi, au nom de la future, des capitaux propres à la future épouse, qu'il pourrait toucher SEUL pendant le mariage sans le concours de la future épouse, par suite de donation, aliénation ou autrement, et que les tiers ne seront définitivement libérés qu'après la réalisation de cet emploi. 8. Remploi forcé.

Mais les futurs époux seront libres de faire tels emplois qu'ils jugeront convenables, sans que les tiers aient à s'en inquiéter, des sommes propres à la future épouse, qu'ils toucheront CONJOINTEMENT pendant le mariage.

Pour se conformer à l'emploi qui vient d'être prescrit dans le cas où le futur époux toucherait seul les capitaux propres à la future épouse, le futur époux devra, etc.

Voir les conditions d'emploi et la responsabilité des tiers dans les formules du régime dotal.

Nonobstant l'adoption du régime de la communauté, il est convenu que les futurs époux devront faire emploi au nom de la future épouse, avec mention de l'obligation successive de remploi, des sommes apportées en mariage par la future épouse, ainsi que des capitaux qui pourront advenir à 9. Autre remploi forcé.

la future épouse pendant le mariage, par succession, donation, aliénation ou autrement.

Ces emploi et remploi, etc.

Voir les conditions d'emploi et la responsabilité des tiers dans les formules du régime dotal.

---

10. Préciput. Le survivant des futurs époux prendra par préciput, tel des biens meubles de la communauté qu'il lui plaira choisir jusqu'à concurrence d'une somme de , d'après la prisée de l'inventaire qui sera fait lors de la dissolution de la communauté, ou cette somme en deniers comptants à son choix.

Il pourra exercer ce préciput, partie en objets mobiliers, partie en deniers comptants.

Au contraire, il peut y avoir lieu de s'arrêter au mot COMMUNAUTÉ *et de dire :*

Dans le cas où les effets mobiliers prisés en l'inventaire n'auraient pas une valeur de , le survivant ne pourra prendre le complément de ce préciput sur les deniers comptants ou autres valeurs, l'intention des parties étant que ledit préciput ne puisse être exercé que sur les objets mobiliers corporels susceptibles d'être prisés dans l'inventaire.

Il peut y avoir lieu de s'arrêter au même mot de COMMUNAUTÉ *et d'ajouter de suite :*

En outre le survivant aura la faculté de conserver en nature, etc. (*Voir* la formule 12).

Mais alors les deux conventions réunies sous un même article doivent être terminées ainsi :

La future épouse survivante aura droit à l'exercice desdits préciput et faculté, même en renonçant à la communauté.

11. Autre. Le survivant des futurs époux prendra par préciput une somme de en tels biens de la communauté qu'il lui plaira choisir d'après la prisée de l'inventaire qui sera fait lors de la dissolution de la communauté et le surplus de ladite somme après épuisement du mobilier prisé en deniers comptants.

Dans le cas où le mobilier prisé serait supérieur à ladite somme de le survivant aura la faculté (*Voir* formule, n° **12**).

La future épouse survivante aura droit audit préciput, même en renonçant à la communauté.

C'est avec intention que nous ne donnons pas de formule d'augment de préciput, car cette stipulation, qui répète le préciput sous une autre forme, est tombée à bon droit en désuétude.

---

12. Convention sur le mobilier.

En outre, le survivant aura la faculté de conserver en nature telle partie qu'il jugera convenable de ce qui restera (après l'exercice dudit préciput qui ne pourrait alors être fait en deniers) du mobilier prisé audit inventaire, sur le pied de l'estimation qui en sera faite dans cet inventaire et par déduction d'autant sur ses droits et reprises, à la charge seulement de déclarer son option à cet égard avant la clôture dudit inventaire. La future épouse survivante aura le droit d'exercer cette faculté, même en renonçant à la communauté.

---

13. Faculté de reprendre le fonds de commerce.

Les futurs époux conviennent que le survivant d'eux (la future épouse soit qu'elle accepte la communauté, soit qu'elle y renonce) pourra, si bon lui semble, conserver pour son compte personnel le fonds de commerce ou établissement exploité par les futurs époux au jour du décès du prémourant (il peut être utile d'ajouter : *soit seuls, soit en société avec d'autres personnes, pourvu, bien entendu, que les actes de société n'y mettent pas obstacle*), ensemble l'achalandage, les marchandises, ustensiles et autres accessoires dépendant dudit fonds ainsi que la jouissance locative des lieux où il sera exercé, à la charge par ledit survivant 1° de faire raison aux héritiers du prédécédé de leurs droits dans la valeur desdits fonds et accessoires, d'après l'estimation qui en sera faite dans l'inventaire après le décès du prémourant; 2° et de demeurer seul tenu du payement des loyers ainsi que de l'exécution des conditions du bail desdits lieux, à partir du jour du décès du prémourant.

Il peut y avoir lieu d'ajouter : *Le survivant qui voudra user de ladite faculté, dans le cas où la communauté n'aurait que des parts ou intérêts indivis dans un fonds de commerce ou établissement, devra conserver ces parts ou intérêts sous les mêmes conditions et charges que celles stipulées, au profit ou à la charge de la communauté, vis-à-vis des coassociés, le tout de la manière et comme la communauté aurait été tenue de le faire et en garantissant les héritiers de l'époux prédécédé de tout recours à ce sujet; il devra tenir compte aux héritiers du prédécédé de leur portion dans ces droits d'après le dernier inventaire social, sans que les héritiers puissent prétendre à aucune participation ni encourir aucun risque ni perte dans les opérations depuis le dernier inventaire.*

Le survivant des futurs époux imputera la valeur *des parts et intérêts indivis* ou desdits fonds et accessoires sur les sommes qui lui reviendront en toute propriété et en usufruit dans ladite communauté et dans la succession de l'époux prédécédé. Il payera le surplus, s'il y a lieu, aux hériters et représentants de l'époux prédécédé dans les   qui suivront le décès. Il ne sera pas tenu de fournir caution, et il ne devra aucun intérêt pendant ce temps. Mais à partir de l'expiration de ce délai il devra des intérêts de plein droit sur le pied de   0/0 par an jusqu'à payement effectif. Ce délai cessera soit en cas de vente (*desdites parts et intérêts indivis* ou) dudit fonds, soit en cas de convol à de secondes noces, et tout ce que le survivant resterait devoir, à l'époque de cet événement, en toute propriété sur la valeur desdits fonds et accessoires, deviendra de plein droit exigible.

Il peut y avoir lieu de s'arrêter après ces mots : représentants de l'époux prédécédé, *et de finir ainsi cet alinéa :* dans le délai qui sera stipulé ci-après.

Si le fonds de commerce était exploité dans un immeuble appartenant à la communauté ou propre à l'époux prédécédé, le survivant pourra exiger qu'il lui soit passé bail des lieux occupés par ledit commerce et nécessaires à l'habitation commune du survivant et de ses enfants, pour neuf années, à compter du jour du décès de l'époux prémourant, aux charges de droit et moyennant un loyer annuel qui sera fixé par experts.

L'époux survivant sera tenu de déclarer et signifier son option aux héritiers et représentants de l'époux prédécédé dans les *six* mois qui suivront le décès de ce dernier, ou *dans les trois mois qui suivront la mise en demeure qui lui sera signifiée par lesdits héritiers et représentants.*

On peut ajouter : A peine d'être déchu, par la seule échéance du terme, du droit de conserver lesdits fonds et accessoires, en profitant des conventions qui viennent d'être stipulées sous le présent article.

Ou bien : A défaut de ces déclaration et signification, l'époux survivant sera censé avoir opté pour la conservation desdits fonds, marchandises et ustensiles, et, si bon semble aux héritiers du prémourant, il devra gratuitement, suivre le recouvrement de toutes créances dépendant dudit fonds de commerce, avec obligation d'en rendre compte tous les six mois auxdits héritiers et d'imputer sur les sommes dues au décès toutes sommes payées par des personnes devenues ses débitrices.

Dans le cas où l'époux survivant n'opterait pás pour la conservation desdits fonds et accessoires aux conditions ci-dessus exprimées, il ne pourrait s'intéresser directement ou indirectement dans aucun fonds ou établissement semblable, dans un rayon de kilomètres du lieu où ledit fonds serait exploité, à peine de tous dommages-intérêts vis-à-vis de la personne qui pourrait devenir acquéreur dudit fonds.

Dans le cas de cette option soit expresse soit tacite, son effet remontera de droit au jour du décès du prémourant.

La future épouse survivante ne sera exposée à aucuns dommages-intérêts pour les faits de son second mari ni pour son concours au commerce de ce dernier quel qu'il soit.

14.
Sur les droits de la future épouse en cas d'association commerciale.

Il est expressément convenu, dans le cas où le futur époux serait associé commercialement par acte enregistré et publié avant la maladie dont la future épouse serait morte : 1° que les héritiers et autres représentants de la future épouse ne pourront réclamer d'autres droits au sujet de cette société que ceux résultant du dernier inventaire social, ou à défaut d'expiration d'un temps suffisant pour la confection d'un inventaire depuis la constitution de la société que ceux résultant de l'acte même de société; qu'il ne devra conséquemment être fait aucun inventaire de l'actif social ni être apposé de scellés sur cet actif; 2° et que le futur époux pourra conserver pour son compte les droits appartenant à la communauté, dans ladite société, sans avoir aucune indemnité à payer aux héritiers et représentants de la future épouse, sauf, bien entendu, l'obligation de payer aux héritiers et représentants les droits acquis dans ladite société et constatés dans les conditions sus-indiquées.

---

15. Mention du droit pour la future de reprendre ses propres francs et quittes.

Il est bien entendu qu'en renonçant à la communauté, la future épouse, ses héritiers ou ayants cause reprendront l'apport en mariage de la future épouse, les biens qui lui ont été constitués en dot, et ceux qui lui seront advenus pendant la durée de la communauté, tant en meubles qu'en immeubles, par succession, donation, legs ou autrement, le tout (il peut y avoir lieu d'ajouter : *moins les qui forment le montant estimatif du trousseau de la future épouse, et qui tomberont en ce cas dans ladite communauté*) franc et quitte des dettes de la communauté. Si la future épouse s'y était obligée ou y avait été condamnée, elle en serait garantie et indemnisée, ainsi que ses héritiers et ayants cause, par le futur époux et sur ses biens (1).

---

26. Mise en communauté d'une somme fixe avec réserve du surplus des biens.

Des biens des futurs époux il entrera en communauté, de part et d'autre, la somme de , pour former un fonds commun de ; le surplus de leurs biens actuels, ensemble les biens qui vont leur être constitués

---

(1) *Lorsque les époux stipulent :* UNE COMMUNAUTÉ RÉDUITE AUX ACQUÊTS *ou* UNE EXCLUSION DE DETTES AVEC RÉSERVE DE PROPRES, *chacun d'eux conserve le droit de reprendre les biens qui lui appartiennent, ou ceux qui en sont la représentation; et la communauté se borne aux acquêts faits par les époux ensemble ou séparément durant le mariage* (art. 1498). *La femme qui renonce à la communauté perd toute espèce de droit sur cette communauté* (art. 1492); *elle est, par le fait de sa renonciation, déchargée de toute contribution aux dettes de la communauté, tant à l'égard du mari qu'à l'égard des créanciers qui n'ont pas sa signature; elle reste seulement tenue envers les créanciers vis-à-vis desquels elle s'est obligée conjointement avec son mari; mais même, dans ce cas, elle conserve son recours contre son mari ou les héritiers de ce dernier* (art. 1494).

D'OÙ IL SUIT *que, lorsque les époux stipulent une communauté réduite aux acquêts ou une exclusion de dettes avec réserve de propres, la clause dont il s'agit ne confère à la femme ou à ses représentants aucun droit particulier, et ne rentre aucunement dans l'application de l'art. 1514 du Code civil.*

ON PEUT, DANS CE CAS, OMETTRE CETTE CLAUSE SANS DANGER; *on verra ci-après* (formule 31) *dans quelle circonstance cette clause est rigoureusement nécessaire.*

en dot, et tous les biens tant meubles qu'immeubles qui pendant la durée de la communauté écherront à chacun d'eux, par succession, donation, legs ou autrement, resteront propres à chacun, et comme tels exclus de la communauté, pour être repris lors de sa dissolution par chacun des époux ou ses représentants.

---

17. Mise inégale dans la communauté avec réserve du surplus des biens.

Les futurs époux mettent en communauté, savoir : la future épouse une somme de , et le futur époux une somme de ; le surplus de leurs biens actuels, etc. (*La suite comme dans la formule* 16.)

Nonobstant l'inégalité de leurs mises, il est bien entendu que les futurs époux auront droit à une part égale dans les biens qui composeront cette communauté.

---

18. Communauté à titre universel des biens présents avec ameublissement.

Les futurs époux mettent en communauté la totalité des biens qu'ils possèdent actuellement, et à cet effet le futur époux consent l'ameublissement de sa maison sise , ci-après désignée ; mais les futurs époux se réservent propres à chacun d'eux tous les biens meubles et immeubles qui pourront leur advenir pendant la durée de la communauté par succession, donation, legs ou autrement.

Par suite, la communauté ne sera tenue que des dettes à la charge des biens présents des futurs époux, et elle n'aura pas à supporter les dettes dont pourront être grevés les biens à venir de chacun des époux ; ces dernières dettes seront acquittées par celui des futurs époux du chef duquel elles proviendront, sans que l'autre époux, ses biens ou sa part dans la communauté en puissent être chargés.

---

19. Communauté à titre universel des biens à venir.

Les futurs époux mettent en communauté la totalité des biens meubles et immeubles qui pourront leur advenir pendant la durée de la communauté, par succession, donation, legs ou autrement ; mais ils réservent propre à chacun d'eux la totalité des biens meubles et immeubles qu'ils possèdent actuellement.

Par suite la communauté sera tenue des dettes dont pourront être grevés les biens à venir des futurs époux, mais elle n'aura pas à supporter les dettes à la charge de leurs biens présents; ces dernières dettes, etc. (*La suite comme dans la formule* 18.)

---

20. Communauté universelle. Les futurs époux mettent en communauté : tous les biens meubles et immeubles qu'ils possèdent actuellement, et tous ceux qui pourront leur advenir pendant la durée de la communauté par succession, donation, legs ou autrement sans exception.

Par suite, la communauté sera tenue de toutes les dettes des époux qui seraient antérieures à la célébration du mariage, ou qui grèveraient les biens par eux recueillis pendant la durée de la communauté.

---

21. Attribution au survivant de la communauté en toute propriété. Les futurs époux conviennent, en vertu des dispositions de l'art. 1525 du Code Napoléon : que tous les biens meubles et immeubles, sans aucune exception ni réserve, qui composeront la communauté stipulée par le présent contrat, appartiendront en toute propriété au survivant, qu'il y ait ou qu'il n'y ait pas d'enfants issus dudit mariage (*ou bien* dans le cas seulement où il n'existerait pas d'enfants issus dudit mariage).

Il est entendu que l'époux survivant, en profitant du bénéfice de cette stipulation, sera tenu d'acquitter seul toutes les dettes de la communauté.

Lorsque cette attribution n'est pas absolue et est subordonnée à un cas particulier, par exemple au cas de non-existence d'enfant, il est bon d'ajouter en cet endroit une pensée complète en disant :

Mais dans le cas où il existerait des enfants du futur mariage, les futurs époux conviennent que la communauté sera partagée par moitié entre les deux époux ou leurs représentants.

---

22. Attribution au survivant de l'usufruit de la moitié revenant à l'époux prédécédé dans la communauté. Les futurs époux conviennent, en vertu des dispositions de l'art. 1525 du Code Napoléon : que le survivant d'eux jouira en usufruit, pendant sa vie, à compter du jour du décès de l'époux prémourant, de la moitié revenant à l'époux prédécédé dans tous les biens meubles et immeubles sans exception ni réserve, qui composeront la communauté stipulée par le pré-

sent contrat. L'époux survivant profitera du bénéfice de cette stipulation, qu'il y ait ou non des enfants issus dudit mariage — (*ou bien* — dans le cas seulement où il n'existerait pas d'enfants issus dudit mariage). — Pour jouir de cet usufruit, il sera dispensé de fournir caution et de faire emploi, mais il devra faire faire inventaire.

Il est bien entendu que l'époux survivant, en profitant du bénéfice de cette stipulation, sera tenu, COMME TOUT USUFRUITIER, des dettes qui pourraient grever la moitié revenant à l'époux prédécédé dans ladite communauté.

---

23. Attribution d'une quotité de la communauté autre que la moitié à certains des héritiers de l'époux prémourant.

Les futurs époux conviennent que le partage de la communauté stipulé par le présent contrat n'aura lieu par égales portions qu'entre eux et les enfants ou descendants issus de leur mariage : à défaut d'existence d'enfants issus dudit mariage au jour du décès de l'époux prédécédé, les biens de la communauté appartiendront pour trois quarts à l'époux survivant, et pour le dernier quart aux héritiers de l'époux prédécédé ; et les dettes de la communauté seront supportées dans la même proportion entre l'époux survivant et lesdits héritiers.

---

24. Attribution à forfait d'une somme fixe pour bénéfices de communauté à certains des héritiers de l'époux prémourant.

Les futurs époux conviennent que la communauté stipulée par le présent contrat n'aura lieu par égales portions qu'entre eux et les enfants ou descendants issus de leur mariage.

Dans le cas où il n'existerait pas d'enfant issu de leur mariage au jour du décès de l'époux prémourant, les héritiers de l'époux prédécédé n'auront à prétendre pour tous droits de communauté qu'à une somme de   stipulée à forfait dès aujourd'hui. Le survivant des époux sera propriétaire de tous les biens meubles ou immeubles, sans aucune exception ni réserve, qui composeront ladite communauté, à la charge d'acquitter seul toutes les dettes de la communauté.

---

25. Attribution du mobilier au survivant.

Les futurs époux conviennent, conformément aux dispositions de l'article 1525 du Code Napoléon : que le survivant d'entre eux sera propriétaire de tous les objets mobiliers autres que deniers comptants, titres, rentes et créances de toute nature (dans l'étendue de l'article 536 du Code Napoléon) qui existeront lors du décès du prémourant dans les habitations de ville et de campagne des époux.

Cette convention rend superflue la stipulation d'un préciput.

---

26. Attribution particulière de la communauté. Les futurs époux conviennent, en vertu de l'art. 1525 du Code Napoléon, que les bénéfices nets de la communauté stipulés par le présent contrat appartiendront, savoir :

1° S'il n'existe pas de descendant du mariage au jour du décès du premier mourant : au survivant pour moitié en toute propriété et pour moitié en usufruit, et aux héritiers et représentants du prédécédé pour cette dernière, moitié en nue propriété.

2° Et s'il existe des descendants du mariage : au survivant pour moitié toujours en toute propriété, et pour un quart en usufruit ; et aux héritiers et représentants du prédécédé pour un quart en toute propriété, et pour le dernier quart en nue propriété.

Dans tous les cas le survivant pour jouir, etc.

Ou bien après le mot APPARTIENDRONT :

27. Autre. Dans le cas où il n'existerait pas d'enfants du mariage, savoir : en toute propriété au mari si c'est lui qui survit, et en usufruit à la future épouse si c'est elle qui survit, pour en jouir pendant sa vie à partir du jour du décès de son mari, avec dispense de fournir caution ou de faire emploi jusqu'au jour de son second mariage, mais avec obligation de fournir caution et de faire emploi à partir de cette dernière époque.

28. Autre. En vertu des dispositions de l'art. 1525 du Code Napoléon, les futurs époux conviennent de ce qui suit :

Si la future épouse prédécède, soit qu'elle laisse, soit qu'elle ne laisse pas d'enfants, la communauté appartiendra en toute propriété au futur époux.

Si le futur époux prédécède, qu'il y ait ou qu'il n'y ait pas d'enfants issus du mariage, ladite communauté appartiendra en nue propriété à ses héritiers et représentants, et en usufruit à la future épouse, à compter du jour du prédécès, savoir : moitié en usufruit de toute la communauté jusqu'au jour où elle convolerait à de secondes noces et au plus tard conséquemment jusqu'au jour du décès de la future épouse, et l'autre moitié en usufruit jusqu'au jour du décès de la future épouse sans réduction en cas de convol. La future épouse sera dispensée de fournir caution, mais elle devra faire emploi dans les termes indiqués ci-après sous l'art. .

Les futurs époux conviennent, en vertu de l'art. 1525 du Code Napoléon, que le partage de la communauté stipulée par le présent contrat 29. Autre.
n'aura lieu par moitié entre eux qu'autant qu'il existerait des enfants du mariage, ou, à défaut d'enfants, qu'autant que la future épouse survivrait.

Si la future prédécède sans laisser d'enfants, la communauté appartiendra en toute propriété au futur époux.

Si au contraire la future épouse prédécède en laissant des enfants, la communauté appartiendra en toute propriété moitié au futur époux et moitié aux enfants nés du mariage.

Si la future épouse survit, qu'il y ait ou qu'il n'y ait pas d'enfants issus du mariage, ladite communauté appartiendra moitié à la future épouse en toute propriété, et moitié aux représentants du futur époux en toute propriété.

Les futurs époux conviennent, en vertu des dispositions de l'art. 1525 30. Autre.
du Code Napoléon, que tous les biens meubles et immeubles, sans exception ni réserve, qui composeront la communauté stipulée par le présent contrat, appartiendront en toute propriété à la future épouse, soit qu'elle survive, soit qu'elle prédécède, s'il n'existe pas d'enfants issus du mariage ; si la future épouse ou ses représentants profitent de cette stipulation, ils seront tenus d'acquitter seuls toutes les dettes de la communauté.

Dans le cas où le futur époux survivrait et où les héritiers et représentants de la future épouse opteraient pour l'attribution qui vient d'être exprimée, le futur époux aurait pour tous droits dans la communauté une rente annuelle et viagère, sur sa tête, de la somme de qui prendrait cours du jour du décès de la future épouse, qui serait payable à

Paris en tel lieu de cette ville qu'il indiquerait de trois mois en trois mois d'avance, et qui serait garantie, etc. (*Voir ci-après formules* 152 et 153.)

Le futur époux survivant sera libre, lors du décès de la future épouse, de demander que sa rente viagère, au lieu d'être fixée irrévocablement audit chiffre de , soit déterminée à cette époque par l'intérêt calculé à forfait sur le pied de pour 100 par an de la valeur de la moitié du *net* de la communauté stipulée par le présent contrat. Toutes les clauses qui viennent d'être stipulées s'appliqueront à la rente viagère ainsi déterminée.

Dans le cas où il existerait des enfants du futur mariage, les futurs époux conviennent, contrairement à ce qui vient d'être prévu sous le présent article, que la communauté stipulée sous l'art. 1er sera partagée par moitié entre les deux époux ou leurs représentants.

---

31. Faculté réservée à la femme et à certains de ses héritiers de reprendre sa mise en communauté franche et quitte.

En renonçant à la communauté, faculté est accordée à la future épouse et à ses enfants ou descendants, issus dudit mariage, de reprendre sa mise en communauté (1), indépendamment des biens, meubles et immeubles, qui lui appartiennent ou pourront lui advenir pendant la durée de la communauté, par succession, donation, legs ou autrement.

Si c'est la future épouse qui fait elle-même cette renonciation, elle prendra en outre le préciput ci-dessus stipulé (2).

Toutes ces reprises seront franches et quittes des dettes de la communauté, encore bien que la future épouse s'y soit obligée ou y ait été condamnée, attendu qu'en ce cas elle en sera garantie et indemnisée, ainsi que ses héritiers, par le futur époux et sur ses biens.

---

32. Pouvoir à la future de toucher partie de ses revenus.

La future épouse aura le droit de toucher chaque année sur sa simple quittance, des débiteurs directement, les revenus DE (*désigner les biens*)

---

(1) *Cette exception est rigoureuse. Elle doit déterminer clairement les personnes qui pourront en profiter et la portion de mise en communauté à laquelle elle devra s'appliquer, art.* 1514. (Voir, par opposition, les observations consignées à la suite de la 15e formule.)

(2) *Cette faculté est insérée en cet endroit ou en fin de la clause qui contient stipulation du préciput.*

pour son entretien et ses besoins personnels ou pour en faire tel emploi qu'elle avisera, sans avoir à rendre compte.

Il est bien entendu que la portion desdits revenus non employée ou les économies faites sur ces revenus tomberont dans ladite communauté.

---

33. Adoption du régime sans communauté.

Il n'y aura pas de communauté de biens entre les futurs époux ; en conséquence, les dettes de chacun, créées avant et pendant le mariage, seront acquittées par celui qui les aura contractées ou du chef duquel elles proviendront.

Le futur époux aura l'administration des biens, meubles et immeubles, de la future épouse, et les fruits et revenus de ces biens appartiendront au futur époux, le tout dans les termes des articles 1530 et suivants du Code civil.

---

34. Adoption de la séparation de biens.

Il y aura séparation de biens entre les futurs époux, conformément aux dispositions des articles 1536 et suivants du Code Napoléon.

Chacun d'eux conservera la propriété des biens, meubles et immeubles, qui lui appartiennent, et de ceux qui pourront lui advenir par succession, donation, legs ou autrement.

Chacun d'eux aura la jouissance libre de ses revenus, sauf ce qui sera dit ci-après pour la contribution aux charges du ménage.

Les futurs époux ne seront pas tenus des dettes l'un de l'autre, créées avant ou pendant le mariage ; ces dettes seront acquittées par celui des époux qui les aura contractées ou du chef duquel elles proviendront sans que l'autre époux puisse en être chargé.

La future épouse aura l'entière administration de ses biens meubles et immeubles, avec le droit de disposer de son mobilier et de l'aliéner comme bon lui semblera (sauf l'effet de la convention faite article , *voir* la formule 36). Elle pourra, sur sa simple signature, sans le concours de son mari, recevoir tous remboursements et généralement toutes sommes qui peuvent et pourront lui être dues, faire tous transports, consentir toutes subrogations avec ou sans garantie, vendre toutes rentes sur l'État français, actions de la Banque et autres valeurs mobilières; passer, renouveler et résilier tous baux; donner toutes quittances et décharges, consentir, avec ou sans payement, tous désistements et mainlevées; en tout état de cause, traiter, transiger compromettre sur ses droits mobiliers quels qu'ils soient.

Il peut y avoir lieu d'ajouter :

En outre, le futur époux autorise la future épouse à continuer le commerce qu'elle exerce, acheter et vendre toutes marchandises, passer tous devis et marchés, souscrire tous billets à ordre, effets de commerce et autres engagements, signer tous endossements, faire tous protêts et dénonciations, comparaître à toutes assemblées de créanciers, prendre part à toutes délibérations, produire tous titres et pièces, affirmer la sincérité de toutes créances, citer et comparaître devant tous juges et tribunaux, obtenir tous jugements et arrêts, les faire exécuter ou s'en désister.

Ou bien s'arrêter après la *future aura l'entière administration de ses immeubles*, et dire : *sauf ce qui va être exprimé.* — Il demeure expressément convenu que la future épouse ne pourra, sans le concours et la signature de son mari, disposer de ses capitaux, rentes, actions ou créances de toute nature, ni conséquemment les aliéner sous aucune forme.

---

15. Société entre les époux. Nonobstant l'adoption du régime de la séparation de biens, il est convenu qu'il y aura entre les futurs époux une société qui comprendra, savoir :

ACTIVEMENT,

. . . .

PASSIVEMENT,

. . . .

Les bénéfices de cette société appartiendront par moitié à chacun des époux et à leurs héritiers ou représentants, et les pertes seront supportées dans la même proportion, sauf la faculté qui sera ci-après réservée à la future épouse et à ses héritiers de renoncer à ladite société.

On peut stipuler des parts inégales ou une attribution complète au survivant.

Les futurs époux mettent en commun : 36. Autre société moins étendue.

1° Les habits, linges, hardes et bijoux du futur époux.

2° Les habits, linges, hardes et bijoux de la future épouse, qui ont été mentionnés sous le n° de l'article.

3° Et tous les meubles meublants ou objets mobiliers quelconques de cette nature qu'ils pourront acheter ensemble ou séparément pendant le mariage, autres que rentes, créances, actions ou valeurs semblables.

Ne sont pas compris dans la présente stipulation tous objets mobiliers qui adviendront à l'un ou à l'autre des époux, par succession, donation ou legs pendant le mariage, pourvu que ces objets soient constatés et détaillés dans un inventaire ou autre acte en bonne forme.

Comme convention de mariage, il est stipulé que le survivant des futurs époux quel qu'il soit, sera propriétaire, sans avoir aucune somme à compter à ce sujet, de ces divers objets autres que les habits, linges, hardes et bijoux à l'usage corporel du prémourant; lesquels objets exceptés dépendront de la succession de ce dernier.

Chacun des époux sera réputé de droit propriétaire des habits, linges, hardes et bijoux à son usage corporel, sans qu'il ait aucune justification à fournir à cet égard. 37. Présomption de propriété sur le mobilier et sur le bail.

Quant à tous autres effets mobiliers, exception faite bien entendu des créances, rentes, actions ou valeurs semblables, ils seront réputés appartenir et appartiendront au survivant des époux à la charge de tenir compte aux héritiers du prémourant, d'après la prisée de l'inventaire qui sera fait lors du décès de ce dernier, de la valeur des effets mobiliers advenus au prémourant pendant le mariage par succession, donation ou legs, ou de ceux dont la propriété serait justifiée appartenir audit prémourant par factures de marchands ou autres titres.

Cette formule peut remplacer la formule de société qui précède et a sur elle l'avantage de ne point faire courir de risques à la femme pour le mobilier qui lui appartient. — Dans une société, le mari peut vendre le mobilier, seul, sans la volonté ou contre la volonté de sa femme.

Les valeurs au porteur et écus seront réputés appartenir à celui des époux qui les tiendra dans son portefeuille ou dans tout meuble à son usage particulier, sauf la preuve du contraire réservée à qui de droit. — Tous titres nominatifs appartiendront nécessairement au titulaire.

Les lieux qu'habiteront les futurs époux seront toujours présumés loués à , à moins de preuve contraire autres que les quittances de loyer ou d'impots. *Ou bien :* Le survivant aura la faculté de conserver pour son compte le bail des lieux occupés par les époux, tant à la ville qu'à la campagne, à la charge d'en payer les loyers et d'en exécuter les conditions en l'acquit des héritiers du prémourant, et à la condition de faire connaître son option auxdits héritiers dans les six mois qui suivront le prédécès.

38. Autre.

Le linge à la marque de la future épouse, l'argenterie portant son chiffre ou celui de sa famille, et les effets, bijoux et autres objets servant à son usage personnel, seront réputés de plein droit lui appartenir sans qu'elle soit obligée d'en constater la propriété par aucun titre.

Quant à tous autres effets mobiliers sur lesquels la future épouse ne pourra pas prouver sa propriété par des quittances d'ouvriers, de fournisseurs, de marchands ou par d'autres titres, ils seront censés acquis des deniers du futur époux et lui appartiendront.

On peut ajouter à ce qui suit, surtout sous le régime de non communauté :

Pour le cas où l'un ou l'autre des objets mobiliers (*qui ont été apportés en mariage par la future épouse, ou de ceux qui lui adviendront pendant le mariage par succession, donation ou legs, et dont l'existence en même temps que la valeur auraient été constatés par inventaire en bonne forme*) ne se retrouverait pas en nature lors de la dissolution du mariage, il est convenu que la future épouse ou ses héritiers auraient droit en remplacement des objets manquants, au montant de la prisée desdits objets d'après lesdits inventaire ou état.

Les valeurs au porteur, etc. (*Comme en la formule précédente.*)

Les lieux, etc. (*Comme à la formule précédente.*)

Cette formule peut être complétée par celle qui suit.

---

39. Convention sur le mobilier.

La future épouse, en cas de survie, deviendra propriétaire, par le fait seul du décès du futur époux, de tous objets mobiliers autres que deniers, titres, rentes et créances de toute nature (dans l'étendue de l'art. 536 du

Code Napoléon) qui existeront, lors du décès du futur époux, dans les habitations de ville et de campagne des époux, à la charge de tenir compte de la valeur de ces divers objets, d'après la prisée de l'inventaire qui sera fait après ledit décès, et de compenser jusqu'à due concurrence la somme dont elle se trouvera débitrice en vertu du présent article, avec toute somme dont elle se trouvera créancière du futur époux.

On peut désirer ajouter :

Toutefois il est fait réserve, au profit des héritiers du futur époux, de la propriété des habits, linges, hardes, bijoux, effets mobiliers à son usage corporel, armes, chevaux de selle et harnais.

Il peut arriver que la future épouse, en se mariant, ne veuille conserver la propriété que des objets mobiliers à son usage corporel, et qu'elle veuille abandonner au futur époux les autres objets mobiliers dont elle se trouve propriétaire à ce moment, et qui vont, pendant le mariage, servir à leur usage commun en se détériorant par cet usage, comme aussi il peut arriver que la future épouse ne veuille pas faire un état détaillé des objets mobiliers réservés.

On donnerait alors à la trente-septième formule le titre de présomption de propriété et convention sur le mobilier et sur le bail. On copierait cette formule jusqu'aux mots *appartiendront au survivant* qu'on remplacerait par les mots *appartiendront au futur époux*, et l'on dirait ensuite :

10. Autre convention sur le mobilier.

La future épouse ne se réserve la propriété complète, dans son mobilier présent et futur, que des habits, linges, hardes, dentelles et bijoux qui sont actuellement ou pourront être employés à son usage corporel ; quant à tous autres objets mobiliers qui appartiennent à la future épouse, ils deviendront, par le fait seul du mariage, la propriété du futur époux pour l'estimation qui leur a été donné sous le n° 2 de l'art.   , et quant à tous autres objets de cette nature qui adviendront à la future épouse, pendant le mariage, par succession, donation ou legs, ils deviendront également de plein droit la propriété du futur époux pour le montant de la prisée qui en sera faite dans l'inventaire qui sera dressé à l'époque de cet événement.

Si l'on veut donner à la femme, en cas de survie, la tranquillité que le mari, survivant, trouverait dans la propriété du mobilier que lui assure la stipulation précédente, on peut ajouter sous le même article :

Ici la formule 39 jusqu'aux mots CAMPAGNE DES ÉPOUX et terminer ainsi :

sans avoir à tenir compte d'aucune somme à ce sujet, mais à la condition de ne rien réclamer des héritiers du futur époux des sommes dont ce dernier se trouverait débiteur envers elle, en vertu du paragraphe précédent. (*Pour les valeurs au porteur et pour le bail, voir* formule n° 37).

Dans l'apport de la future on devra par corrélation s'exprimer ainsi :

LA FUTURE APPORTE EN MARIAGE :

1^ment^ Ses habits, linges, hardes, bijoux, dentelles et autres objets à son usage corporel, dont il est inutile de fournir état et estimation, attendu que la propriété en reste établie à son profit par présomption contractuelle.

2^ment^ La somme de , en la valeur de divers objets mobiliers autres que deniers, titres, rentes et créances de toute nature, dont il n'est fait aucun état, attendu que la future épouse ou ses héritiers auront le droit de reprendre à ce sujet en deniers, lors de la dissolution du mariage, la somme qui vient d'être exprimée, ainsi qu'il sera stipulée sous l'*avant dernier paragraphe de l'art.* .

Cette stipulation n'entraîne aucun droit d'enregistrement particulier.

---

41. Contribution aux charges.

Les futurs époux contribueront aux charges du mariage dans la proportion de leurs revenus respectifs sans être assujettis à aucun compte entre eux, ni à retirer quittance l'un de l'autre.

42. Autre.

Le futur époux contribuera pour mille francs par an payables à la future épouse en quatre termes égaux de trois en trois mois, aux charges du mariage. La future supportera le surplus desdites charges sans être tenue d'y consacrer tous ses revenus sur lesquels elle fera les économies que bon lui semblera.

43. Autre.

Les futurs époux contribueront aux charges du mariage chacun pour moitié sans être assujettis, etc. (*Comme en l'avant-dernière formule.*)

44. En cas d'enfants de premier lit.

Il est bien entendu que tant que les enfants du premier mariage de la future épouse demeureront avec madame leur mère, les frais de nourriture et de logement qu'ils occasionneront seront à la charge commune, mais que la future épouse supportera seule les frais d'entretien et d'éducation de ces enfants.

45. Sur la responsabilité du futur époux.

Le futur époux ne sera responsable d'aucune somme payée à la future épouse hors sa présence, et il ne sera pas responsable davantage des sommes et valeurs étant ou advenant aux mains de la future épouse comme apport en mariage et par suite de successions, donations ou legs.

Mais si le futur époux donne son concours à la future pour l'encaissement du prix d'aliénation d'immeubles ou du remboursement de rente et de capitaux, il ne sera déchargé que par le remploi à faire des sommes payées en sa présence. Ce remploi ne sera valable qu'autant qu'il aura été accepté par la future épouse. Mais, l'emploi effectué, le futur époux ne sera responsable ni de son utilité ni de ses suites. Cette obligation du reste ne concernera pas les tiers acquéreurs ou débiteurs de la future épouse, qui n'auront point à demander ce remploi et qui n'encourront aucune responsabilité à ce sujet. — A défaut de remploi des sommes ainsi touchées en présence du futur, le futur époux ou ses héritiers seront tenus de rembourser à la future épouse ou à ses héritiers le montant desdites sommes.

46. Sur les engagements contractés par la future épouse.

La future épouse ou ses héritiers seront garantis et indemnisés par le futur époux ou ses représentants de toutes les dettes qu'elle aura pu contracter pour lui pendant le mariage.

47. Adoption du régime dotal.

Les futurs époux adoptent pour loi de leur mariage le régime dotal tel qu'il est établi par le Code Napoléon, sauf les modifications résultant des articles ci-après.

Lorsqu'il y aura une société d'acquêts, il est bon d'ajouter de suite, après ces mots Code Napoléon : Et ils établissent entre eux une société d'acquêts, le tout, etc. (*Terminer comme il vient d'être dit.*)

18. Dotalité de biens.

Tous les biens meubles et immeubles de la future épouse, présents et à venir, seront dotaux, *ou :* à l'exception de son trousseau ; *ou :* à l'exception d'une somme de sur la dot que les père et mère de la future vont lui constituer et d'une somme de sur ses biens à venir, lesquels apports partie de dot et partie de biens à venir s'élevant ensemble à , seront soumis au régime de la communauté quoique réservés propres à la future épouse et seront placés sous l'administration libre du futur époux sans aucune obligation de remploi, pour n'être conservés que par l'hypothèque légale de la future épouse et par son action personnelle dans les termes de droit.

S'il y a lieu de supprimer dans la première partie de cette formule le mot PRÉSENTS, *il faut ajouter :*

Quant à ses biens présents qui consistent en la dot qui va lui être constituée par ses père et mère, ils seront soumis au régime de la communauté. (*La suite comme en l'exception précédente.*)

Tous biens meubles et immeubles, échangés ou achetés en remploi de bien dotaux dans les conditions prévues ci-après, seront nécessairement dotaux (1).

§ I. — ADMINISTRATION DES BIENS DOTAUX.

Le futur époux aura, conformément à la loi, l'administration des biens dotaux et le droit d'en percevoir seul les revenus.

Quand on doit réserver à la future épouse le droit de toucher une partie de ses revenus, il y a lieu d'ajouter de suite : Sauf l'effet des stipulations dont il va être parlé sous l'art. .

Quant aux capitaux, ils seront reçus avant ou à leur exigibilité sur la quittance collective des deux époux, et il en sera fait immédiatement emploi de la manière ci-après indiquée.

§ II. — ALIÉNATION DES BIENS DOTAUX.

La future épouse dûment autorisée pourra toujours, sans être tenue de

(1) Il ne faut pas oublier que sous le régime dotal tous les biens de la femme sont, *en principe*, paraphernaux, soumis à son administration et à sa jouissance, aliénables, *à l'exception* de ceux qui ont été expressément constitués en dot (1574, 1576, 1542, 1541).

remplir aucune formalité judiciaire, et comme le pourrait faire en la forme ou au fond une femme mariée sous le régime de la communauté, MAIS A LA CHARGE EXPRESSE DU REMPLOI dont il sera ci-après parlé :

1° Procéder à tous comptes, liquidation et partages, traiter, transiger, compromettre, accepter toutes donations;

2° Vendre et liciter, de gré à gré ou aux enchères publiques, même échanger, tous biens ou droits meubles et immeubles sans exception, et généralement faire au sujet desdits biens ou droits toutes les stipulations permises par la loi à une personne majeure.

En outre, la future épouse pourra intervenir dans tous actes d'emprunt qui seraient faits par le futur époux avec hypothèques sur les biens personnels de ce dernier, afin d'y stipuler toutes antériorités au profit des prêteurs sur l'hypothèque légale de la future épouse, en ce que cette hypothèque portera sur les biens qui seront spécialement affectés auxdits prêteurs; mais dans aucun cas et par l'effet d'aucune stipulation la future épouse ne pourra s'obliger sur ses biens dotaux.

Quand il y a société d'acquêts, ou lorsque tous les biens de la future ne sont pas frappés de dotalité, — on peut ajouter après ces mots : AFFECTÉS AUXDITS PRÊTEURS.

Elle pourra s'obliger conjointement et solidairement avec son mari sur les biens de la société d'acquêts et sur la portion de ses biens non frappée de dotalité.

Puis reprendre ces mots : Mais dans aucun cas, etc.

§ III. — EMPLOI DES DENIERS DOTAUX.

Toute somme dotale devra être immédiatement remployée au nom de la future épouse, en telle valeur mobilière ou immobilière en France ou à l'étranger qui conviendra à la future épouse.

Si l'on ne veut pas laisser une si grande liberté, on peut dire : Soit en acquisition d'immeubles bâtis, productifs et non industriels dans Paris, soit en acquisition de biens ruraux autres que château, soit en rentes sur l'État français, actions de la Banque de France et autres valeurs nominatives garanties par l'État ou par la ville de Paris, soit en placement en premier rang par privilége ou hypothèque sur des immeubles présentant, d'après leur prix principal d'acquisition, une valeur double de la somme à placer, — soit à l'acquit (dans les rangs hypothécaires et valeurs de biens susexprimés) des dettes grevant les biens du futur époux, — soit enfin à de grosses réparations ou améliorations sur les immeubles dotaux, pourvu que l'utilité de ces grosses réparations ou améliorations soit antérieurement constatée par deux experts choisis par justice et opinant d'accord entre eux.

Il est bien entendu : 1° que les deniers dotaux pourront être employés à l'acquit des dettes qui seraient personnelles à la future épouse comme grevant les successions, donations ou legs advenus à la future épouse, pourvu que ces dettes soient justifiées par inventaire ou autre acte en bonne forme; 2° et que les frais d'enregistrement auxquels donnera lieu la constitution de dot faite à la future épouse dans le présent contrat, ainsi que les frais en déboursés et honoraires qui seront occasionnés par lesdits emplois, successions, donations ou legs seront considérés eux-mêmes comme remplois.

Ces divers emplois et remplois, qui pourront indifféremment précéder de peu de temps ou suivre l'aliénation des biens dotaux, NE SERONT VALABLES QU'AUTANT qu'ils seront acceptés formellement par la future épouse, et que les titres (QUI DEVRONT ÊTRE INSCRITS AU NOM DE LA FUTURE) feront mention de l'origine des deniers, ensemble de la liberté d'aliéner à charge de remploi.

Le remploi des deniers dotaux pourra être fait également en acquisitions, 1° d'actions ou d'obligations de chemin de fer; 2° d'autres valeurs au porteur garanties par l'État ou par la ville de Paris, sous la condition expresse et de rigueur, premièrement, que les titres de toutes valeurs au porteur acquises pourront être et seront déposés dans les caisses, soit de la Banque de France, soit de toute autre Compagnie anonyme, autorisée à recevoir de pareils dépôts, lesquelles délivreront des récipissés au nom de la future épouse, énonçant la nature dotale des valeurs déposées, les numéros de ces valeurs, et indiquant l'obligation de ne remettre ces valeurs qu'à un agent de change qui sera désigné, soit au moment même, soit plus tard, par les époux pour en opérer l'aliénation à charge de remploi, deuxièmement, et que l'acceptation expresse desdits remplois par la future sera constatée dans un acte notarié en minute reproduisant ledit récépissé. — Lors du retrait, le récépissé délivré par la Compagnie lui sera rendu, et il lui sera, en outre, donné une décharge desdites actions et obligations, signée des époux et de l'agent de change chargé du remploi. La remise, effectuée entre les mains de l'agent de change chargé du remploi, déchargera complétement la Compagnie dépositaire; l'agent de change seul tenu de suivre le remploi sera lui-même déchargé de la manière expliquée ci-après.

Si aucune des caisses qui viennent d'être indiquées ne pouvait ni voulait recevoir ledit dépôt dans les termes exprimés dans le présent contrat, le remploi ne pourrait être fait en valeurs au porteur.

A défaut de remploi, ou pour se décharger plus promptement, tout débiteur pourra déposer à la caisse des consignations, au nom de la future, et les futurs époux pourront de leur côté exiger ce dépôt.

Les ventes d'immeubles faites par la future épouse seront définitives, lors même que le remploi n'aurait pas été effectué avant la dissolution du mariage, pourvu que les acquéreurs représentent leur prix.

Il est bien entendu que les primes et lots qui pourraient être attachés aux valeurs acquises en remploi seront propres à la future et soumis, comme biens, dotaux à l'obligation de remploi.

Exceptionnellement, les parties conviennent d'affranchir de la formalité de remploi les immeubles qui seraient expropriés pour cause d'utilité publique, mais seulement dans le cas où le prix des immeubles frappés de la même expropriation n'excéderait pas la somme de . Cette somme pourra être touchée par les époux sans que les tiers aient à demander aucune justification, et elle fera partie des reprises à exercer par la future épouse contre le futur époux.

§ IV. — CONDITIONS RELATIVES AUX TIERS.

En cas de vente par le ministère d'agent de change, l'agent de change, qui devra être choisi par la future épouse, sera seul chargé de suivre le remploi du prix. En cas de remploi des deniers dotaux en acquisition de valeurs mobilières nominatives ou autres, dans les conditions sus-indiquées, se négociant à la Bourse, les débiteurs de ces deniers seront valablement libérés par la remise qu'ils feront de ces deniers entre les mains d'un agent de change désigné par la future épouse pour faire spécialement une acquisition prévue dans la quittance délivrée auxdits débiteurs, et l'agent de change se trouvera lui-même déchargé par le fait seul du remploi. En aucun cas de vente ou d'achat, l'agent de change ne sera responsable que de la réalisation matérielle du remploi, sans avoir à en examiner l'utilité. Quant aux Trésor public, administration de la Banque de France, et généralement toutes administrations sur lesquelles s'effectueront ces transferts, ils n'encourront aucune responsabilité et ne pourront par suite demander de justification. Toutefois, les Compagnies dépositaires de valeurs au porteur dans les conditions susindiquées, ne seront déchargées de toute responsabilité que par la remise desdites valeurs dans les mains d'un agent de change qui sera choisi par la future épouse, et auquel incombera l'obligation de suivre le remploi, ainsi qu'on l'a vu sous le paragraphe précédent.

En cas de remploi en acquisition d'immeubles ou de tous biens meubles sans intervention d'agent de change, comme aussi en cas d'emploi au payement des dettes personnelles à la future épouse, les débiteurs des deniers dotaux seront valablement libérés en versant ces deniers entre les mains des vendeurs, créanciers ou autres ayants droit, suivant la nature du remploi, sans avoir à se constituer juges de l'utilité de ce remploi, pourvu qu'il soit effectué dans les termes ci-dessus prévus. Ce versement accompli, ils ne seront assujettis à aucune responsabilité ultérieure.

---

49. Dotalité d'une quotité des biens à venir.

Tous les biens immeubles qui adviendront à la future épouse par succession, donation, legs ou autrement, seront dotaux, mais la moitié seulement des biens meubles qui lui adviendront sera dotale.

Après tous actes de liquidation et de partage qui attribueraient à la future épouse des biens meubles pour la remplir, soit de ses droits dans des biens meubles et immeubles, soit de ses droits dans des biens meubles seulement, la future épouse dûment autorisée opérera, par le fait seul de sa déclaration en un acte authentique, la division de son lotissement mobilier en deux parts égales dont l'une comprendra les valeurs aliénables sans remploi, et l'autre les valeurs frappées de la dotalité, aliénable sous condition de remploi.

Dans le cas où la future épouse serait appelée à recueillir seule des valeurs mobilières par succession, donation ou legs, la classification dont il vient d'être parlé sera faite en la même forme. (*Pour la suite, voir la formule n° 48.*)

50. Biens paraphernaux et biens dotaux.

Tous les biens à venir de la future épouse seront dotaux, mais tous ses biens présents, ensemble ceux qui vont lui être donnés en considération du mariage, seront paraphernaux. — Le futur époux aura l'administration du tout sans être tenu de rendre compte des fruits et revenus.

Lorsqu'il y a société d'acquêt, il est bon d'ajouter : qui tomberont dans la société d'acquêts ci-dessus stipulée.

Voir pour l'administration, soit du mari, soit de la femme, les formules de la séparation de biens.

51. Autre.

Tous les biens présents et à venir de la future épouse seront dotaux, à l'exception de son trousseau et d'une somme de sur ses biens présents, lesquels trousseau et somme de seront paraphernaux et seront indiqués ci-après sous les nos de l'apport en mariage de la future épouse.

Nonobstant ladite stipulation de paraphernalité, le futur époux aura l'administration de ladite somme de , sans être tenu d'en rendre compte durant le mariage, et les fruits ou revenus que cette somme produira tomberont dans la société d'acquêts ci-dessus stipulée.

52. Réserve particulière de doter des enfants de premier lit.

La future épouse se réserve de disposer, quand bon lui semblera, pour l'établissement de ses enfants de premier lit, sans avoir besoin de l'autorisation de son mari ni de justice, d'une somme principale de à prendre sur ses biens dotaux, ou d'une rente annuelle de à prendre sur les revenus des biens dotaux, sans avoir, dans aucun de ces deux cas, à en indemniser le futur époux, par application de l'art. 1555 du Code Napoléon.

53. Réserve particulière sur les revenus de la future épouse.

Lorsqu'il n'est pas stipulé de société d'acquêts et que cependant la fortune de la future épouse se trouve supérieure à celle du futur époux, comme aussi s'il existe dans les biens de la femme des rentes viagères, des usufruits, ou des actions industrielles de simple jouissance, il peut y avoir lieu de stipuler une réserve au profit de la future de capitalisation de propres dans les termes suivants :

Indépendamment des biens dotaux dont la propriété est réservée à la future épouse, la future épouse se réserve propre ce qui pourra lui advenir de tous produits et dividendes (*spécialiser*).

Ces produits et dividendes seront encaissés par le futur époux, qui en deviendra débiteur vis-à-vis de la future épouse ou des siens. Le futur n'en sera déchargé que par l'emploi qu'il s'oblige à en faire au nom de la future épouse en valeurs acceptées par elle à cette époque, sans toutefois que les débiteurs desdits produits ou dividendes puissent avoir à demander ce premier emploi. — Mais, une fois ce premier emploi effectué, les valeurs acquises seront frappées de dotalité et ne pourront plus être aliénées que dans les conditions stipulées sous l'art. 2.

52. Autre réserve sur les revenus de la future.

Lorsqu'il n'y a pas de société d'acquêts, il peut y avoir lieu de dire :

La future épouse touchera sur sa simple quittance pour en faire tel emploi qu'elle jugera convenable, sans avoir à les dépenser pour son entretien personnel, qui restera, comme l'entretien du futur époux et celui des enfants à naître, une charge du mariage :

1° La somme annuelle de   sur ses revenus ou les revenus de tels biens ;

2° Et tous fruits et revenus de la succession future de monsieur son père.

Les valeurs que la future épouse pourra acquérir avec cette portion de revenus seront paraphernales, et il en sera fait mention sur le titre desdites valeurs.

Tous revenus de la future épouse autres que ceux dont il vient d'être question sous cet article, constitueront la part contributive de la future épouse dans tous frais et charges du ménage.

53. Société d'acquêts.

La société d'acquêts ci-dessus stipulée sera composée des bénéfices et économies que les futurs époux pourront faire pendant le mariage, soit ensemble, soit séparément, tant en meubles qu'en immeubles, conformément aux dispositions des art. 1498, 1499 et 1581 du Code Napoléon.

Le partage de cette société se fera par moitié entre les époux.

Chacun des futurs époux aura le droit de prélever, avant tout partage des biens de cette société d'acquêts, ses apport en mariage et dot, ensemble tout ce qu'il aura recueilli pendant le mariage, tant en meubles qu'en immeubles, par successions, donations, legs ou autrement, ainsi que toutes autres créances, reprises et indemnités qu'il pourrait avoir à répéter, le tout soit en deniers, soit en nature. Et il est convenu, etc. (*Voir ci-dessus formule n° 3*).

En outre, il est bien entendu que ladite société d'acquêts ne sera aucunement tenue des dettes antérieures au mariage ou grevant les biens qui adviendraient à l'un des futurs époux pendant le mariage; ces dettes seront au contraire acquittées par celui des futurs époux qui les aura contractées ou du chef duquel elles proviendront, sans que l'autre époux, ses biens ni sa part dans ladite société d'acquêts en puissent être tenus.

Il est convenu que l'hypothèque légale de la future épouse ne frappera que sur les immeubles ci-après désignés, auxquels elle est limitée de convention expresse, savoir : **56.** Limitation de l'hypothèque légale de la future épouse (1).

. . . .

En conséquence, tous les autres immeubles présents et à venir du futur époux seront affranchis de cette hypothèque, de manière que les acquéreurs, échangistes ou autres ayants droit sur lesdits immeubles, ne pourront jamais être inquiétés par la future épouse.

Toutefois, si pendant la durée du mariage l'immeuble pour lequel l'hypothèque légale de la future épouse a été réservée devenait insuffisant pour garantir à la future épouse le payement de ses droits et reprises, il sera donné à la future épouse un supplément d'hypothèque qui n'aura d'effet,

---

(1) Un arrêt de la Cour d'appel de Paris, du 27 juillet 1850 (affaire Bazardy-Hamon), décide que toute stipulation restrictive de l'hypothèque légale de la femme insérée dans un contrat de mariage est nulle, si au moment du contrat la femme était mineure. (*Voir* art. 2140 du Code Napoléon.)

Un arrêt de la Cour de cassation, du 5 mai 1852, décide que toute réserve de translation d'hypothèque est nulle, quelles que soient les garanties d'expertise dont le contrat de mariage ait entouré cette translation; mais les motifs de cet arrêt ne paraissent pas interdire la stipulation d'hypothèque supplémentaire insérée sous cette 56e formule.

à l'égard des tiers, qu'à compter du jour de sa constitution particulière et de son inscription. (*Voir* l'art. 2140 du Code Napoléon.)

57. Limitation de l'hypothèque légale de la future épouse.

M. X., futur époux, étant actuellement commerçant, l'hypothèque légale de la future épouse ne pourra frapper sur les biens qui seront acquis pendant le mariage, conformément aux dispositions de l'art. 563 du Code de commerce, qui restreint dans ce cas l'hypothèque légale de la femme aux immeubles qui appartiendraient au mari à l'époque de la célébration du mariage, ou qui lui seraient advenus depuis cette époque par successions, donations ou autrement. En outre, cette hypothèque légale ne conservera en fait qu'une somme de , montant de la portion de la dot de la future épouse soumise au régime de communauté, le surplus des biens de la future épouse étant dotal et se trouvant en fait assuré par le remploi.

Il est convenu qu'en tout temps la future épouse sera tenue de limiter son hypothèque légale pour raison desdits , à un immeuble propre au mari présentant en premier rang une valeur libre et nette d'au moins et un revenu net de par an.

Le futur époux pourra, en toutes circonstances, demander à la future épouse désistement de cette hypothèque, à la charge par lui de fournir immédiatement nouvelle hypothèque sur un autre immeuble desdits valeur libre et revenu net.

---

58. Délai au profit de l'un des survivants.

Le futur époux SEUL aura, en cas de survie, un délai de années, à partir du jour du décès de la future épouse, pour se libérer des sommes dont il sera débiteur envers les héritiers et représentants de ladite dame. Il ne sera pas tenu de fournir caution ni de payer aucun intérêt pendant ce temps ; mais à partir de l'expiration de ce délai, il devra de plein droit des intérêts sur le pied de 5 pour 100 par an, de en mois, jusqu'à payement effectif.

59. Autre.

L'époux survivant, QUEL QU'IL SOIT, aura un délai de années à partir du jour du décès du prémourant, pour remettre aux héritiers et représentants de ce dernier les BIENS et SOMMES dont il n'aurait pas l'usufruit. Il ne sera pas tenu de fournir caution, sans que cette dispense entraîne décharge de l'hypothèque légale de la future épouse. Pendant la première année il ne payera aucun intérêt et il sera propriétaire des fruits et revenus des biens restituables en nature ; mais passé cette première année il devra des intérêts de plein droit, sur le pied de 5 pour 100 par an, de toutes sommes dont il sera débiteur, et il sera comptable desdits fruits et revenus, le tout à régler de trois en trois mois.

En cas de prédécès de la future épouse sans enfant, le futur époux aura 60. Autre.
un délai de années à partir du jour du décès de la future épouse, pour rendre et payer aux héritiers de la future épouse, les biens et valeurs de cette dernière. (*Ou seulement :* « Les biens et valeurs apportés en mariage par la future épouse, ensemble ceux qui lui ont été constitués en dot, ou les biens qui auraient été acquis en remploi. » *Ou bien encore :* « Les biens et valeurs revenant à la future épouse dans la communauté stipulée par le présent contrat, mais il n'aura aucun délai pour le payement et la restitution des biens propres de la future épouse. »)

Le futur époux ne sera tenu de payer aucun intérêt pendant, etc.

Et, pendant le même délai, les fruits et revenus de ceux desdits biens qui seraient restituables en nature appartiendront au futur époux.

Ce délai sera révoqué de plein droit, et lesdits biens ou valeurs devien- 61. Révocation
dront immédiatement exigibles du jour où le futur époux convolerait à de en cas de convol.
secondes noces.

Ce délai, personnel au survivant, ne sera pas transmissible à ses héritiers; 62. Révocation
en conséquence il cessera de droit à partir du jour du décès du survivant. en cas de décès.

TITRE DEUXIÈME.

APPORTS DES ÉPOUX. — DONATIONS AUX ÉPOUX, RÉSERVE DU DROIT DE RETOUR, ETC., ETC.

Lorsque dans l'apport de l'un ou de l'autre des époux il existe des biens mobiliers qui sont fongibles ou se consomment par l'usage, il doit en être fait une estimation générale au contrat, et l'époux qui en est propriétaire devient créancier de la communauté d'une somme égale au chiffre de cette estimation. Lorsque les biens mobiliers dont il s'agit ne sont point fongibles et ne se consomment pas par l'usage, tels que des actions industrielles, des rentes sur l'État, un fonds de commerce, il ne doit pas en être fait d'estimation, si l'intention des parties n'est pas d'en transférer la propriété à la communauté. Dans tous les cas il est prudent pour cette dernière nature de biens et particulièrement pour un fonds de commerce, dont le prix peut être augmenté pendant le mariage par l'industrie et les soins communs des époux, d'expliquer quelle sera la nature de la reprise à exercer par l'époux propriétaire, si cette reprise sera d'une somme d'argent ou de l'objet même apporté en mariage. (Voir entre autres les formules 3, 6, 79.) Observation générale.

Lorsque les époux adoptent le régime de la séparation de biens, il peut y avoir lieu de constater l'apport mobilier de la femme de la manière expliquée ci-dessus, page 7 et formule 40.

Le futur époux apporte en mariage : Apport personnel.

1° La somme de en habits, linges, hardes, bijoux, effets mobiliers, meubles meublants, voitures, chevaux, armes de chasse, etc.; **63.** Un trousseau.

64. Prorata de revenus et deniers.

2° La somme de en deniers comptants et prorata apprécié à forfait de tous fruits et revenus échus ou non échus jusqu'au mariage;

65. Fonds de commerce.

3° Un fonds de commerce de marchand qu'il exploite à ensemble les marchandises, effets mobiliers, ustensiles et créances en dépendant, le tout d'une valeur de d'après l'estimation et le compte que les parties en ont faits entre elles. (*Si l'intention des parties n'était pas de rendre la communauté propriétaire du fonds de commerce, il faudrait l'exprimer et indiquer seulement : 1° la valeur des marchandises, effets mobiliers et ustensiles qui doivent nécessairement tomber dans la communauté; 2° et le détail des créances qui peuvent rester propres.*)

66. Rentes sur l'État.

4° de rente sur l'État pour 100, en inscriptions délivrées en son nom (*rappeler les noms mentionnés dans les inscriptions*), savoir : la première de le série n° ; la seconde de le série n° .

Ou bien : La somme de en la valeur fixée dès à présent à forfait de rente sur l'État, etc. Laquelle rente est aux risques ou profit de la communauté à partir du jour du mariage, en vertu de l'art. 3 du présent contrat ainsi qu'on l'a vu ci-dessus.

67. Créance hypothécaire.

5° Une créance hypothécaire privilégiée de la somme de restant due, au moyen de payements faits suivant quittance passée devant etc., sur le prix de , moyennant lequel il a vendu à (*prénoms, nom, qualité et demeure de l'acquéreur*) un immeuble sis à , suivant contrat .

Laquelle créance a été inscrite d'office au bureau des hypothèques de le v° , n° , est exigible , et produit des intérêts qui sont dus depuis le , et sont payables sur le pied de pour 100 de en mois.

68. Maison.

6° Une maison située à acquise par le futur époux aux termes d'un contrat passé devant Mᵉ et son collègue, notaires à , le , moyennant le prix principal de , payé suivant quittances reçues par Mᵉ les

7° Une ferme appelée , sise à , de la contenance totale de et composée (*désignation sommaire*), le tout plus amplement désigné en un bail (*ou tout autre acte*) passé devant M° et son collègue, notaire à le (*à défaut de cet acte il faut une* DÉSIGNATION DÉTAILLÉE *qui puisse servir de base à la liquidation des reprises du futur époux et des indemnités que le futur époux pourra devoir. Un relevé du cadastre, signé par le maire de chaque commune, peut au besoin fournir ce renseignement et être annexé au contrat*). **69.** Ferme.

« Cette ferme et dépendances acquises par le futur époux suivant contrat, etc. »

8° Et ses droits non encore liquidés dans la succession de M. dont il est héritier pour ainsi qu'il résulte de l'inventaire fait après le décès de M. par M° et son collègue, notaires à le . **70.** Droits héréditaires indivis.

Observation faite par le futur que par la clôture de cet inventaire tous les objets mobiliers, titres et papiers sont demeurés en la garde et possession de madame sa mère, laquelle est donataire universelle en usufruit des biens dépendant de ladite succession, aux termes d'un acte passé, etc.

Et que d'après dépouillement dudit inventaire cette succession se compose, etc., etc. (*Indication très-sommaire.*)

La somme de que le futur époux détient entre ses mains et dépendant de la succession de monsieur son père dont il est seul héritier, sans préjudice au résultat des comptes et partage ultérieurs qui pourront avoir lieu entre le futur et monsieur son père, tant de la communauté qui a existé entre ce dernier et Mme que de la succession de cette dame. **71.** Autre apport de droits indivis.

Et les droits indivis lui appartenaient comme seul héritier de madame sa mère dans lesdites communauté et succession.

Observation faite, etc.

Continuer ainsi l'énonciation de l'apport en mariage, en mentionnant, pour les créances et les immeubles, les titres de propriété et de libération, et pour les rentes, actions ou autres valeurs semblables, les numéros de chaque titre, l'époque de délivrance et le libellé des titres nominatifs.

Sur cet apport, le futur doit à divers, ainsi qu'il le déclare, une somme de .

Ou bien : Le futur déclare que son apport en mariage n'est grevé d'aucune dette.

Duquel apport le futur époux a justifié à la future épouse et à ses père et mère qui le reconnaissent.

---

72. Explication sur une somme antérieurement remise.

Lorsque dans l'apport est entrée une somme remise précédemment et dont il va être fait donation par les père et mère, il y a lieu de dire :

Duquel apport libre de toutes dettes autres qu'une somme remise au futur époux par ses père et mère et dont il n'est question que pour ordre, attendu qu'il va lui en être fait donation, le futur époux a justifié à la future, etc.

Lorsque l'apport personnel va être augmenté d'une dot, on peut dire après l'énonciation de cet apport pour résumer la fortune dans des termes qui peuvent être agréables aux parties lors de la lecture du contrat :

73 Explication réunissant les apports et dot.

Lequel apport va être augmenté de la somme de que les père et mère du futur vont lui constituer en dot, de sorte que la fortune du futur au jour du mariage s'élèvera au total à .

---

74. Apport estimé à forfait de toute la fortune mobilière.

La somme de à laquelle s'élève, déduction faite de toutes dettes suivant le compte que les parties en ont fait entre elles et à forfait, l'importance de la fortune du futur époux qui est purement mobilière.

---

75. Autre apport à forfait avec ameublissement.

Le futur époux apporte en mariage la somme de à laquelle s'élève, d'après le compte que les parties en ont établi entre elles, déduction faite de toutes dettes, la valeur de tous ses biens meubles et immeubles sans exception, dans lesquels sont compris naturellement les droits indivis du futur époux dans : 1° la propriété immobilière et mobilière de la maison établie à connue sous le nom de ; 2° les successions non liquidées de ses père et mère après le décès desquels il a été fait inventaire, savoir :

De sorte que tout accroissement des biens meubles ou immeubles du futur époux par licitation ou autrement, tous biens meubles ou immeubles qui lui adviendront par partage ou autrement pour le remplir de ses droits actuellement indivis, appartiendront à la communauté, et qu'en toute circonstance le futur époux n'aura à exercer la reprise contre la communauté pour raison de son apport que de la somme de .

Duquel apport, bien compris des parties, le futur époux déclare avoir donné une parfaite connaissance à la future épouse et à ses père et mère qui le reconnaissent.

---

76. Apport de la future.

L'apport de la future est rédigé dans les mêmes termes que l'apport du mari; seulement à fin de l'article, on dit :

Duquel apport la future épouse a justifié au futur époux qui le reconnaît et consent à en demeurer chargé par le seul fait de la célébration du mariage civil dans les termes de droit.

---

77. Apport mobilier de la future réservé en nature.

La future épouse apporte en mariage un trousseau d'habits, linges, hardes, dentelles et autres objets à son usage corporel dont il n'est fait aucune estimation par les motifs expliqués sous l'art. . (*Voir formule n° 6.*)

---

78. Apport d'un office de notaire ou autre.

Lorsque le futur époux est muni d'un office ministériel, on peut dire :

Le futur époux apporte en mariage :

1° Sa charge de notaire à , à laquelle il a été nommé par ordonnance du , en date du (*ou la charge de notaire à la résidence de , dont il a traité par acte et à l'égard de laquelle il a été fait en sa faveur la déclaration prescrite par l'article 91 de la loi du 28 avril 1816*);

2° Le cautionnement de , qu'il a fourni en sa qualité de notaire;

3° Les recouvrements qu'il peut avoir à faire, tant de son exercice que de celui de ses prédécesseurs, évalués à la somme de ;

4° Etc.

Autre.

Si la charge tombe dans la communauté, sauf reprise dans des conditions déterminées :

Le futur époux apporte en mariage :

1° La somme de , à laquelle s'élèvent, déduction faite de toutes dettes, la valeur de sa charge de notaire à , le cautionnement qu'il a fourni en sa qualité de notaire, les recouvrements qu'il a à faire, tant de son exercice que de celui de ses prédécesseurs, la valeur de ses meubles meublants, effets mobiliers, bibliothèque, habits, linges, hardes et ses deniers comptants.

Duquel apport, etc.

---

79. Apport d'un agent de change et stipulation à ce sujet.

Le futur époux déclare qu'il est titulaire d'une charge d'agent de change près la Bourse de Paris ; que pour l'exercice de cette charge, il a formé une société en commandite suivant acte ; qu'il est le gérant de ladite société ; que cette société n'est grevée d'aucun passif ; que l'actif social se compose 1° de ladite charge d'agent de change à laquelle il n'y a lieu de donner aucune évaluation, comme étant frappée de la réserve de propres ; 2° d'un cautionnement de versé au trésor ; 3° d'un fonds de réserve de , dont partie est déposée à la caisse syndicale et dont le surplus est dans la caisse sociale comme fonds de roulement ; 4° et d'un autre fonds de réserve créé au moyen d'un prélèvement sur les bénéfices de la société en exécution d'un des articles de l'acte de société.

Qu'il juge inutile d'indiquer le chiffre des deux fonds de réserve indiqués sous les deux derniers numéros, attendu la mobilité de ces fonds et la volonté qu'il a de faire tomber dans la communauté ce qui peut lui revenir dans ces fonds, sauf à faire entrer l'appréciation de ses droits à ce sujet dans les estimations ci-après exprimées.

En conséquence le futur époux apporte en mariage et se constitue personnellement en dot :

1ment. *Un vingt-troisième* lui appartenant NET dans la charge d'agent de change et dans ledit cautionnement ;

2ment. La somme de à laquelle s'élève, déduction faite de toutes dettes à forfait, suivant le compte que les parties en ont fait entre elles : 1° la part du futur époux dans les bénéfices appréciés jusqu'au jour du futur mariage et dans les fonds de réserve ; 2° et la valeur des habits, linges, hardes, bijoux et autres objets mobiliers du futur époux.

Au moyen de la réserve de propre qui frappe les biens compris sous le n° 1 de son apport, le futur époux ou ses héritiers auront le droit, à la dissolution de la communauté, de reprendre, savoir : si la société ou toute autre créée en remplacement de celle-ci subsiste encore, sa part d'*un vingt-troisième* dans lesdites charge et cautionnement, même une part plus forte que celle qui vient d'être exprimée, attendu qu'elle formera un accroissement de propre à la condition de tenir compte à la communauté de toutes sommes versées ou supportées pour l'augmentation de ladite quotité d'*un vingt-troisième*, suivant état desdites sommes s'il est possible d'en établir un, ou suivant estimation de la chambre syndicale portant sur la valeur, au jour de la dissolution de la communauté, de toute quotité supérieure à *un vingt-troisième*, s'il est impossible de faire régulièrement ledit état. Si à l'époque de la dissolution de la communauté ladite société ou toute autre n'existe plus, le futur époux aura le droit de reprendre tout ce qui, dans la liquidation de la société, aura représenté le *vingt-troisième* ci-dessus indiqué dans lesdits charges et cautionnement.

Le futur époux ou ses représentants faisant la reprise en nature ci-dessus prévue, auront seuls droit au bail des lieux occupés par le futur pour ses bureaux et son habitation, à la charge d'en payer les loyers et d'en exécuter les conditions. Si ces lieux faisaient partie d'une maison dépendant de la communauté ou propre à la future épouse, il serait fait bail de ces lieux, à dire d'experts, au profit du futur ou de ses représentants pour un délai qu'il fixerait et qui ne pourrait excéder neuf ans. Toutefois, dans les cas qui viennent d'être prévus, la future épouse survivante aura le droit personnel qui lui est expressément réservé, vis-à-vis des héritiers et représentants du futur époux, de conserver les lieux non affectés à ladite charge pour le temps qu'il lui plaira et pour la contribution de loyer fixée à l'amiable ou à dire d'experts.

Le futur époux déclare pour ordre que, dans son apport en mariage ci-dessus établi, il a fait entrer la somme de   que madame sa mère lui a remise et qui va lui être constituée en dot, de sorte qu'il n'aura aucune reprise particulière à exercer pour lesdites   en dehors de ce qui vient d'être dit sous le présent article.

80. Mise sociale.

Lorsque le futur époux se trouvera associé dans une maison de commerce, il pourra y avoir lieu de dire : Le futur époux apporte en mariage la somme de à laquelle s'élèvent, d'après le compte et l'estimation que les parties en ont faits entre elles, à forfait, jusqu'au jour du futur mariage, les deniers comptants du futur époux, son compte courant dans la société dont il va être parlé, et ses droits dans la société créée en nom collectif entre le futur époux et M , pour le commerce de , dont le siége est à , avec une maison d'achat à , suivant acte, etc.; sans qu'il soit question, à la réquisition du futur époux, des bénéfices courants dans ladite société, depuis le dernier inventaire, l'intention formelle du futur époux étant que ces bénéfices, quels qu'ils soient, tombent dans la communauté stipulée par le présent contrat, sans reprise ultérieure à ce sujet.

---

81. Reliquat approximatif de compte de tutelle.

Lorsque l'un des époux mineurs apporte en mariage le reliquat d'un compte de tutelle rendu par le père ou la mère, présent au contrat, on peut dire pour éviter le droit de donation :

La future épouse apporte en mariage :

1° La somme de , que M détient en billets de banque et monnaie provenant de la communauté qui a existé entre ses père et mère, et de la succession de madame sa mère, ainsi qu'il est expliqué dans un acte sous seing privé, en date à , du , dont l'un des originaux a été déposé pour minute à M , l'un des notaires soussignés , par acte du , enregistré, etc. (1);

---

(1) Les soussignés , M. ;

D'UNE PART;

Et Mlle , mineure née à , le , du mariage de M. et Mme , et seule héritière de Mme , sa mère;

D'AUTRE PART;

Ont établi de la manière suivante le compte de l'administration que M. a eue de la personne et des biens de Mlle , sa fille, depuis le jusqu'à ce jour, attendu l'émancipation qui résultera pour cette dernière de son mariage à célébrer incessamment;

2° La somme de qu'elle détient également en billets de banque qui proviennent desdites communauté et succession, et qui vont lui appar-

---

Et, au préalable, l'appréciation (par la liquidation de ces communauté et succession, et des reprises respectives des époux, basées sur les observations préliminaires qui suivent) des droits de Mlle dans la communauté qui a existé entre M. et Mme et de la succession de cette dame.

PREMIÈRE PARTIE.

Liquidation des communauté et succession et des reprises des époux.

OBSERVATIONS PRÉLIMINAIRES.

1re observation : Etc.

OPÉRATIONS.

CHAPITRE Ier. — *Liquidation des reprises des époux.*

CHAPITRE IIe. — *Liquidation de la communauté.*

MASSE ACTIVE. — MASSE PASSIVE.

. . . .

PRÉLÈVEMENTS.

Sur l'actif net de communauté, il y a lieu de prélever les reprises des époux ci-dessus liquidées,

A la somme de , pour la succession de Mme . . .	»»	»»
Et à celle de , pour M.	»»	»»
Ensemble.	»»	»»
Il reste net à partager	»»	»»
Dont moitié pour chacun	»»	»»
Est de	»»	»»

CHAPITRE III. — *Liquidation de la succession de Mme*

CHAPITRE IV. — *Fixation des droits des parties.*

DÉVOLUTION DES VALEURS.

M. :

1^ent. Pleine propriété.

Pour être rempli de cette somme totale M. retient, savoir, etc.	»»	»»
Total égal aux droits en toute propriété de M. . . .	»»	»»

2^ent. Et en usufruit.

M. a droit en usufruit, avec dispense de caution et d'emploi, au quart de la succession de sa femme, étant de la somme de ;

Dont il se trouvera rempli en conservant et retenant semblable somme sur les-

tenir en toute propriété au moyen de la renonciation à usufruit dont il va être parlé ;

---

dits , montant des créances par lui recouvrées sur celles dépendant de la communauté, comme il vient d'être dit.

Mlle :

1^ent. Droits en pleine propriété.

L'émolument de Mlle , dans la succession de Mme , sa mère, est en pleine propriété de la moitié de l'actif net de cette succession, soit de ladite somme de .

Pour lui fournir cet émolument elle prendra, et M. , son pere, lui comptera immédiatement semblable somme sur lesdits encaissés par lui et provenant du recouvrement par lui effectué des créances qui figurent à l'actif de communauté sous le nom de ceux qui en étaient débiteurs aux articles deux, trois, six, etc.

2^ent. Droits en nue propriété.

Ils sont égaux à ceux de l'usufruit de M. , son père, c'est-à-dire de ladite somme de .

Elle en sera remplie au moyen de ce que dès aujourd'hui elle sera définitivement saisie de la nue propriété de la somme que retient M. , son père, pour ses droits en usufruit.

JOUISSANCE DIVISE.

M. sera considéré comme saisi des valeurs qu'il retient d'après ce qui précède en propriété et jouissance, à partir du jour du décès de sa femme, comme étant censé, selon la fiction légale, avoir toujours possédé seul.

Quant à Mlle , elle a droit aux revenus des valeurs qu'elle retient en toute propriété à compter de l'extinction de l'usufruit légal de M. , son père.

DEUXIÈME PARTIE.

Compte de la tutelle.

La tutelle de Mlle s'est ouverte, et M. , son père, s'en est trouvé légalement investi par le décès de Mme , arrivé, ainsi qu'on l'a déjà dit, le .

Le compte que M. va rendre de son administration tutélaire a pour point de départ le jour où Mlle , sa fille, a complété sa dix-huitième année, qui est aussi l'époque à laquelle a cessé son usufruit légal sur les biens de sa pupille.

Avant le décès de Mme , sa mère, Mlle ne possédait personnellement aucun bien, de sorte qu'à l'ouverture de la tutelle son patrimoine consistait uniquement dans ses droits, dont l'appréciation vient d'être faite, et dont elle se trouve actuellement saisie dans les limites déterminées par l'effet de ce que dessus.

Postérieurement, elle n'a pas recueilli d'autre succession, et il ne lui a été fait ni donation ni legs.

De telle sorte que le compte dont il s'agit ne comprend en capitaux que la somme de , représentative des droits en pleine propriété de Mlle dans la suc-

3° Et ses droits indivis dans lesdites communauté et succession, en qualité de, etc.

La future épouse apporte en mariage : **82.** Autre.

1° La somme de , en un trousseau, etc., , et la somme de , en écus, ensemble qu'elle a en sa possession, et

---

cession de Mme , sa mère, et dont M. (qui en est détenteur) se charge en recette.

Sous la déduction de l'unique dépense qu'il a faite pour sa pupille, consistant dans les droits de mutation acquittés pour elle lors de l'ouverture de la succession de Mme , savoir :

Au bureau des Domaines de , y compris pour vacation du notaire qui a préparé la déclaration	»»	»»		
Et au bureau de.	»»	»»		
Ensemble.	»»	»»	»»	»»
Ce qui fixe à le reliquat en capitaux dont M. est comptable envers Mlle , sa fille, à raison de la tutelle, reliquat qu'il met à sa disposition immédiatement.			»»	»»

M. doit faire compte des intérêts de cette somme sur le pied de à partir du , s'élevant à ce jour à , que Mlle reconnaît lui avoir été remis cejourd'hui par M. , son père, sans retenue aucune pour les dépenses d'entretien que M. a faites pour Mlle , sa fille, et qu'il veut supporter.

Cet état de choses a pour but de laisser fixé définitivement à la somme de pour tous capitaux, le reliquat en faveur de Mlle du compte de tutelle que lui rend ici M. , son père.

Sans préjudice de la somme lui revenant en nue propriété, et dont M. , son père, est actuellement nanti en qualité d'usufruitier, et non comprise dans ses droits dans les immeubles laissés en commun sous l'article de la masse active des valeurs de communauté.

Mlle reconnaît, par les présentes, que M. , son père, lui a compté et remis aujourd'hui, à l'instant même de la signature du présent compte en ladite somme de pour solde du reliquat de compte de tutelle,

Dont quittance.

Ce compte provisionnel doit être suivi, après le mariage, d'un récépissé de compte de tutelle, à faire signer par la mineure, assistée de son mari comme son curateur, dans lequel récépissé on renverra audit état, et d'un arrêté de compte de tutelle.

dont elle est comptable, comme de deniers indivis dépendant de la succession de madame sa mère, mais qui forment, ainsi que le déclare la future épouse, ce qui doit lui revenir en toute propriété par l'événement du compte que doit lui rendre son tuteur de l'administration qu'il a eue de sa personne et de ses biens.

Observation faite que ce compte comprendra l'émolument indivis de la future épouse dans la succession de madame sa mère, dont elle est héritière pour , ainsi que le constate l'intitulé, etc., et l'émolument de la future dans la succession de

2° Et la somme qui forme, ainsi que le déclare la future épouse, ce qui doit lui revenir en nue propriété par l'événement dudit compte.

Observation faite que cette somme est dans les mains de M , père de la future, comme grevée de l'usufruit de M , en vertu des dispositions d'un acte, etc.

Renonciation à usufruit par le survivant des père et mère.

Il peut y avoir lieu d'ajouter, pour compléter indirectement une dot sans payer de frais d'enregistrement :

En considération du mariage, M renonce à son usufruit sur la somme de , dont il vient d'être parlé.

---

83. Autre reliquat de compte de tutelle.

La somme de , à laquelle s'élèvent, déduction faite de toutes dettes, les deniers comptants et les créances dues à la future épouse par diverses personnes suivant le compte que les parties en ont fait entre elles.

La future déclare que son apport en mariage lui provient et forme l'importance du compte que lui a rendu M , son tuteur, de l'administration qu'il a eue de sa personne et de ses biens, lequel compte sera régularisé et écrit suivant le vœu de la loi, lors de la présentation qu'en fera M à la future épouse, assistée de son curateur après le mariage.

Observation faite que ce compte comprend l'émolument de la future, premièrement, dans la succession de , sa mère, dont elle est héritière pour , ainsi que le constate l'intitulé, etc., lequel inventaire a été suivi d'une liquidation reçue par Me ; deuxièmement, et dans la succession de M , son père, dont, etc.

---

84. Apport de droits indivis avec un enfant d'un premier lit.

Le futur époux déclare :

Qu'il est veuf en premières noces, avec un enfant mineur ci-après nommé, de Mme , décédée à , le ;

Qu'après le décès de sa première épouse, il a été fait inventaire par Me , notaire à , le , à sa requête, comme ayant été commun en biens avec ladite dame, aux termes de leur contrat de mariage, reçu par Me , notaire à , le , comme donataire de ladite dame, aux termes du même contrat, d'un quart en toute propriété et d'un quart en usufruit, des biens dépendant de ladite succession, et en outre, comme tuteur naturel et légal de , son fils mineur, né à , le , seul héritier de ladite dame ;

Qu'aux termes dudit contrat de mariage, ses père et mère lui ont constitué en dot, solidairement, par imputation, d'abord sur la succession du prémourant, et subsidiairement sur la succession du survivant, la somme de qui a été payée pendant la durée de son premier mariage; mais que ses père et mère se sont réservé sur cette dot le droit de retour pour le cas où ils survivraient l'un ou l'autre ou tous deux au déclarant et aux enfants nés de son premier mariage ; — Laquelle réserve va être modifiée par l'intervention de M. et Mme (Voir formule n° 134) ;

Qu'aux termes du même contrat, faculté a été accordée au survivant des époux de conserver pour son compte personnel le fonds de commerce exploité au jour du décès du prémourant, ensemble les marchandises, droit au bail et autres accessoires du fonds, aux conditions exprimées dans ledit contrat;

Qu'il se trouve avoir opté pour la conservation dudit fonds de commerce, de sorte qu'il est devenu propriétaire du fonds de commerce qu'il exploite aujourd'hui et qui va tomber dans la communauté stipulée au présent contrat en vertu de la convention exprimée ci-dessus, art. 3 ;

Que tous les biens qu'il possède aujourd'hui se composent :

En valeurs mobilières :

De, etc.

En immeubles :

1° De, etc.

2° Et de ses droits indivis (*exprimer la quotité*) avec son fils mineur (propriétaire du surplus), dans (*désigner les immeubles dépendant desdites communauté et succession*);

Mais qu'il doit à son fils mineur, pour le montant de ses droits dans les valeurs mobilières qui dépendaient desdites communauté et succession, d'après dépouillement dudit inventaire, savoir :

En toute propriété la somme de , et en nue propriété la somme de , dont il a l'usufruit jusqu'à son décès.

[illegible]. Apport en mariage de droits non liquidés, et service assuré en dot des intérêts de ces droits, d'après une somme fixe.

La future épouse apporte en mariage :

1° Ses droits non liquidés dans la succession de M. , son père, dont elle est héritière pour

Observation faite que l'actif dépendant de cette succession est constaté par un inventaire dressé, après le décès de M. , par M[e] et son collègue, notaires à , le

2° Et ce qui pourra lui revenir par l'événement du compte que madame sa mère doit lui rendre de l'administration qu'elle a eue de sa personne et de ses biens depuis le décès de M. .

Mme déclare que les droits de mademoiselle sa fille dans ladite succession et le reliquat du compte dont il s'agit peuvent s'élever ensemble à la somme de , et dans le cas où, par l'événement dudit partage et la reddition de ce compte, les droits de la future épouse ne s'élèveraient pas à ladite somme de , Mme , s'engage, en considération dudit mariage, à parfaire cette somme à la future épouse, à titre de donation et en avancement sur sa succession future. La somme nécessaire pour parfaire les dont il s'agit, sera payée par Mme aux futurs époux dans les qui suivront la signature desdits partage et reddition de compte, avec intérêts à pour cent, à partir de l'époque fixé par le partage pour l'entrée en jouissance.

Mme continuera à administrer comme par le passé les biens dépendant de ladite succession, et tous pouvoirs lui sont donnés à cet effet.

Pour tenir lieu à la future épouse des intérêts de sa dot, il sera prélevé sur les revenus de ladite succession, et Mme payera aux futurs époux, jusqu'à l'époque fixée par ledit partage pour l'entrée en jouissance, une somme annuelle de , payable en payements égaux à partir du jour de la célébration dudit mariage. Dans le cas où les sommes ainsi payées à la future épouse excéderaient la portion afférente à ladite demoiselle dans les revenus de ladite succession et les intérêts du reliquat dudit compte, Mme fait don de cet excédant à la future épouse, par préciput et hors part.

---

86. Sur des retenues sociales dans des dividendes d'actions.

Si l'un des époux possède des actions dans une entreprise industrielle, il peut (suivant les termes des statuts) être prudent d'ajouter la disposition qui va être indiquée et qu'on comprendrait dans l'article qui stipule la réserve des propres :

Il est particulièrement convenu, à l'égard des bénéfices afférents aux actions de , dont la future épouse est propriétaire, ainsi qu'il sera dit ci-après, que la communauté aura droit aux bénéfices annuels qui peuvent et pourront être répartis pendant sa durée, mais que le futur époux ou ses représentants conserveront comme biens propres : 1° tous bénéfices annuels qui n'auraient pas été ainsi répartis pendant la durée de la communauté ; 2° et toutes sommes provenant de répartitions faites par la société sur son capital social.

---

87. Sur un fonds de commerce à acheter ou à vendre avant le mariage.

Lorsque le futur époux a acheté un fonds de commerce dont la vente doit se réaliser le jour du contrat ou entre la date du contrat et celle du mariage, on peut en expliquer l'apport de la manière suivante (ce qui dispense de faire publier le contrat de mariage) :

Le futur époux déclare qu'il est sur le point d'acquérir de M. le fonds de commerce, etc. Et il est expressément convenu que quelle que soit la date de cette acquisition, le fonds de commerce dont il s'agit tombera dans la communauté, à la charge par ladite communauté d'en payer le prix.

Ou bien encore la clause suivante peut trouver son application :

Le futur époux déclare, en outre, qu'il est actuellement propriétaire d'un établissement de , que lui a vendu M. son père, le moyennant le prix principal de , encore dû, mais qu'il n'y a pas lieu de s'occuper de cet établissement ni du payement du prix, parce que cet établissement doit être revendu avant le mariage, aux risques et profit de M. son père, ainsi qu'il en prend l'engagement exprès, et au moyen de la garantie qui sera fournie par M. son père, relativement au montant du prix de la revente de cette acquisition et à la solvabilité de l'acquéreur.

Dans ce cas, le père ne pourra pas signer le contrat, même ad honorem, *pour éviter le droit d'enregistrement de vente, mais dans un acte sous seing privé la garantie du père sera fournie dans les termes suivants :*

M. , reconnaissant que l'établissement n'a pas dépéri entre les mains de M. son fils, et que sa valeur n'a pas changé, déclare garantir M. son fils contre toute perte que pourrait occasionner la vente dudit établissement avant le mariage des futurs époux, de manière à ce que le futur époux n'ait pas à souffrir de son acquisition, qu'il soit indemnisé de la différence entre son prix d'acquisition et la somme qu'il touchera sur le prix de revente, et qu'il n'ait dans aucun cas à tenir compte d'aucune somme à ce sujet à M. son père ou à la succession de ce dernier. La revente dont il s'agit s'opérera au profit comme aux risques de M. son père, qui aura seul droit à l'excédant éventuel du prix.

---

38. Sur un fonds de commerce sans valeur.

Si le fonds de commerce, exploité par le futur époux au jour de son mariage, n'a pas de valeur, il faut le dire, afin d'éviter toute difficulté lors de la liquidation à venir, ce qui peut être expliqué en deux mots :

Observation faite par le futur époux que la clientèle ou achalandage de son fonds de commerce, ainsi que le droit au bail des lieux occupés pour ce fonds, ne sont susceptibles d'aucune valeur et tomberont dans la communauté stipulée par le présent contrat.

89. Explication en cas d'enfants de premier lit.

La future épouse explique :

Que devant perdre la jouissance légale des biens de ses enfants mineurs, à partir du jour de son mariage avec M. , d'après l'art. 386 du Code Napoléon, les frais de nourriture, d'entretien et d'éducation de ses enfants resteront, dans les termes de la loi, à la charge particulière desdits mineurs.

90. Autre.

La future épouse déclare et convient, au regard du futur époux, que nonobstant la perte de sa jouissance légale, les frais de nourriture, d'éducation et d'entretien de ses enfants mineurs seront à la charge de la société d'acquêts ci-dessus stipulée, et elle déclare que par délibération prise sous la présidence de M. le juge de paix du arrondissement de , le , en vue du futur mariage, elle a été maintenue dans la tutelle de ses enfants, avec adjonction du futur époux pour cotuteur.

91. Sur la nomination d'un cotuteur.

---

92. Imputation sur les successions des donateurs.

En considération du mariage, M. et Mme constituent en dot, solidairement, à la future épouse, qui accepte, en avancement d'hoirie, à imputer d'abord sur la succession du prémourant, et subsidiairement, sur la succession du survivant (*ou à imputer par moitié sur la succession de chacun des donateurs*).

93. Un trousseau.

1° Une somme de en la valeur d'un trousseau d'habits, linges, hardes, bijoux et autres effets mobiliers qui seront fournis aux futurs époux la veille du mariage, dont la célébration vaudra décharge aux donateurs et chargera d'un autre côté le futur époux qui y consent.

94. Une somme à payer.

2° Une somme principale de , que les donateurs s'obligent sous ladite solidarité à payer aux futurs époux le avec intérêts de trois en trois mois sur le pied de p. 100 par an, à partir du jour du mariage, le tout à en la demeure des donateurs ou tout autre lieu de cette ville qu'ils indiqueront.

95. Une somme déjà reçue.

3° La somme de dont le futur époux est en possession et qui est comprise dans son apport en mariage ci-dessus constaté.

96. Une créance hypothécaire.

4° Une créance de exigible le , productive d'intérêts sur le pied de p. 100 par an, payables de mois en mois et due par avec hypothèque sur , ainsi qu'il résulte d'un acte; laquelle hypothèque a été inscrite au bureau des hypothèques de , le , vol. , n° , et vient en rang sur ledit immeuble, après une somme de , ainsi que le constate un état délivré par le conservateur des hypothèques de , le .

Etc. (*rentes, immeubles*).

---

97. Sur l'entrée en jouissance de biens donnés.

Au moyen de la présente constitution de dot:

Premièrement. Le futur époux disposera en toute propriété, comme bon lui semblera, des immeubles, créances et rentes sur l'État qui viennent de lui être donnés, et il en jouira par la perception, savoir: à l'égard du domaine de , des fermages représentatifs de l'année de culture, à commencer du ; à l'égard de la créance hypothécaire, des intérêts à courir du jour du mariage; et à l'égard de la rente sur l'État par l'encaissement, à l'échéance prochaine, de la totalité du semestre courant. — A l'effet de quoi les donateurs mettent et subrogent la future épouse, avec toute garantie, même promesse de payer dans le cas où le débiteur qu'ils garantissent solidairement ne payerait pas, dans tous leurs droits, actions, privilége et hypothèques, notamment dans l'effet de l'inscription hypothécaire précitée.

Deuxièmement. Les donateurs ont remis au futur époux, qui le reconnaît, le bail du domaine de , les titres de propriété de cet immeuble, les titres de la créance hypothécaire susindiquée et le titre de ladite inscription de rente.

---

98. Estimation pour les rapports, pour le droit de retour et pour les reprises.

Il peut y avoir lieu d'ajouter:

La rente sur l'État donnée par M. représente, au cours moyen du , la somme de .

Le futur époux pourra vendre seul, sans le concours ni la procuration de la future épouse, ladite rente sur l'État de , à partir du jour du mariage, signer tout transfert, en recevoir le prix et en donner décharge sur sa simple signature ; et il est convenu que l'évaluation de donnée à ladite rente formera le montant du rapport dû par la future épouse pour raison de cette rente aux successions de ses père et mère, le chiffre des reprises qu'elle aura à exercer à ce sujet contre le futur époux ou ses héritiers et la somme sur laquelle s'exercera le droit de retour ci-après stipulé, le tout quel que soit le prix dudit transfert, et quand bien même ladite rente n'aurait pas été vendue par le futur époux.

Toutefois le futur époux et les enfants à naître du mariage auront la faculté, qui leur est expressément réservée par exception personnelle, d'effectuer le rapport de ladite rente aux successions des donateurs, soit en ladite somme de , montant de l'estimation actuelle de ladite rente, soit en nature, sans toutefois pouvoir, bien entendu, substituer dans ce rapport une rente acquise à la rente donnée.

---

99. Donation d'une somme avec faculté de se libérer en un immeuble que l'on hypothèque.

La somme de qui sera productive, à partir du mariage, d'intérêts sur le pied de 5 p. 100 payables de trois en trois mois.

Les donateurs auront le droit, qu'ils se réservent expressément, de fournir cette somme, quand bon leur semblera, en abandonnant pour pareille somme à la future épouse une maison sise à qui appartient à la donatrice comme lui provenant, etc.

La future épouse sera tenue de recevoir cet immeuble, si bon semble aux donateurs, qui en l'abandonnant seront entièrement quittes de ladite dot ; et alors la future épouse sera tenue d'acquitter, à compter du jour où commencera sa jouissance, les contributions foncières et autres charges de l'immeuble, de souffrir les servitudes s'il en existe, d'exécuter tous baux et toutes polices d'assurance et de payer tous frais et droits.

Les donateurs hypothèquent spécialement, pour sûreté du payement de ladite dot en principal et accessoires, ladite maison sise à (1).

---

(1) *Lorsque les donateurs usent de la faculté ainsi réservée, le payement de la dot doit être constaté de préférence par acte authentique.*

Après avoir rappelé littéralement les termes de la constitution de dot, on continue ainsi : En cet état de choses, M. et Mme , pour fournir ladite dot, et en conséquence du droit qu'ils se sont formellement réservé dans ledit contrat de mariage, ont

100. Donation de moitié d'un immeuble sous réserve d'usufruit, et sous condition d'une pension au profit du donataire.

En considération du mariage, M. et Mme constituent en dot solidairement au futur époux, leur fils, qui accepte, avec imputation d'abord sur la succession du premier mourant des donateurs et subsidiairement sur la succession du survivant, la moitié qui va devenir indivise avec les donateurs dans la terre de , d'une contenance de composée de , le tout situé sur .

Sont formellement exceptés de la présente donation, tous cheptel, instruments aratoires, matériel d'exploitation, quoique immeubles par destination, pouvant exister sur la terre de et dépendances, les donateurs entendant se réserver exclusivement la propriété de ces objets.

M. et Mme se réservent l'usufruit pendant leur vie et la vie du survivant d'eux de la moitié d'immeubles qu'ils viennent de constituer en dot à leur fils; seulement les donateurs s'obligent solidairement à lui remettre, sur les revenus de ladite moitié, qui sont supérieurs à la somme dont il va être parlé, la somme annuelle de francs, en deux payements égaux de six mois en six mois, à partir du jour du mariage.

M. et Mme seront dispensés de fournir caution, et ils ne seront tenus de faire faire aucun état de situation des biens soumis à leur usufruit, mais d'un autre côté ils prendront à leur charge toutes les réparations qui pourront être à faire auxdits biens, même celles qui d'après la loi sont à la

---

abandonné en propriété pleine et entière, pour pareille somme de , à , qui accepte, ladite maison, sise à , telle qu'elle se poursuit, etc., et telle qu'elle appartient à Mme , de la manière expliquée dans un établissement de propriété dressé sur un état séparé qui est demeuré ci-annexé.

Au moyen du présent abandonnement, la future se reconnaît entièrement remplie de ladite dot, et conséquemment elle en décharge définitivement les donateurs.

La future disposera et jouira de ladite maison à partir de ce jour.

Cet abandonnement est fait aux charges et conditions suivantes, que la future s'oblige d'exécuter et accomplir, savoir :

1° De prendre ladite maison dans l'état où elle se trouve actuellement, sans pouvoir exiger aucune indemnité à raison des réparations dont elle peut être susceptible;

2° D'acquitter, à compter de l'entrée en jouissance, les contributions foncières, etc.

(Indiquer toutes les conditions ordinaires d'une vente : la clause de transcription et de garantie en cas d'inscription, les déclarations d'état civil, la remise des titres et le règlement sur les loyers payés d'avance.)

IL N'EST PERÇU, AU SUJET DUDIT ACTE ET DUDIT CONTRAT DE MARIAGE, QU'UN SEUL DROIT DE DONATION ET DE TRANSCRIPTION.

charge des nu-propriétaires, et ils acquitteront et supporteront, sans recours possible contre le futur, toutes les charges dont lesdits biens pourront être grevés.

---

101. Constitution de dot en une somme imputable d'abord sur les droits héréditaires non liquidés et sur le compte de tutelle.

En considération du mariage, M. donne et constitue en dot à ladite demoiselle sa fille, qui accepte, la somme de , qui sera payée au futur époux le jour du mariage, dont l'acte de célébration vaudra quittance.

Cette dot sera imputée d'abord sur les droits non encore liquidés de la future épouse dans la succession de sa mère dont elle est héritière pour , ainsi que le constate , ensuite sur le reliquat du compte de tutelle que doit le donateur, et subsidiairement s'il y a lieu sur la succession future du donateur.

---

102. Don préciputaire éventuel de fruits.

Il peut y avoir lieu d'ajouter :

Et dans le cas où les droits de la future dans les fruits indivis des valeurs composant la succession de madame sa mère ne s'élèveraient pas aux représentants les intérêts des qui font l'objet de la présente constitution de dot, la future épouse serait dispensée du rapport de l'excédant desdits fruits à la succession du donateur, ce dernier lui en faisant au besoin donation par préciput et hors part, pour lui assurer irrévocablement la jouissance de ladite somme, à partir du jour du mariage.

---

103. Mention sur le résultat d'un compte de tutelle passif et sans intérêt.

Lorsque le reliquat du compte de tutelle serait évidemment sans intérêt pour la future épouse, ou onéreux pour elle, on peut faire déclarer par le père en suite de la constitution de dot :

M. déclare

Que la future épouse n'a aucun compte utile à demander de la succession de Mme ,

Que le compte de tutelle qui pourrait être rendu ne présenterait qu'un résultat à la charge de ladite demoiselle;

Qu'il a acquitté depuis son veuvage le passif constaté dans ledit inventaire;

Et qu'il n'entend exercer aucune réclamation contre la future épouse pour raison de ce passif ou du résultat que pourrait présenter ledit compte de tutelle.

D'un autre côté, à tout événement, pour ordre, le donateur stipule que ladite dot sera imputable d'abord sur lesdits succession et compte, et ensuite sur la succession du donateur.

---

104. Payement d'une somme à valoir sur des droits héréditaires indivis, et conventions relatives aux fruits de ces droits.

En considération du mariage, M.   s'oblige à remettre à la future épouse, sa fille, le   , la somme de   à valoir sur les droits de la future épouse en toute propriété dans la succession de madame sa mère, laquelle somme sera rapportable par la future épouse lors du partage de cette succession.

Et à titre de provision pour raison des intérêts et fruits de ces droits en toute propriété, M.   s'engage, sauf compte à faire des intérêts et fruits lors du partage de ladite succession, à remettre annuellement à la future épouse en quatre termes, de trois en trois mois, à partir du mariage jusqu'à la liquidation définitive de ladite succession, une somme de

---

105. Convention de nourrir et loger.

En considération du mariage, M. et Mme   s'engagent solidairement à nourrir et loger pendant   années à partir du jour du mariage, tant à la ville qu'à la campagne, dans la maison des donateurs, les futurs époux, les enfants à naître du mariage et les domestiques des futurs époux.

Cet engagement cessera d'être obligatoire avant le délai ci-dessus indiqué, à l'époque du décès du premier mourant des sieur et dame   , ou à l'époque du décès de la future épouse sans enfants.

Et M. et Mme   auront toujours la faculté de se libérer de la présente obligation, en payant aux futurs époux et par douzième, de mois en mois, une pension annuelle de   pendant le délai ci-dessus fixé.

Les frais de ces nourriture et habitation sont évalués entre les parties à la somme de   par année, laquelle somme sera compensée jusqu'à due concurrence avec les intérêts de la dot ci-dessus constituée à la future épouse par M. et Mme , qui n'auront plus à lui payer que l'excédant.

S'il n'y a pas à stipuler cette compensation, il peut être prudent d'ajouter :

Cette convention ne fera l'objet d'aucun rapport par la future épouse aux successions de ses père et mère, qui lui font en tant que de besoin et solidairement entre eux toute donation hors part.

---

106. Donation d'une somme exigible au décès du donateur avec hypothèque en garantie et faculté de transférer cette hypothèque.

M. fait donation à la future épouse, qui accepte, d'une somme de exigible seulement au décès du donateur, sans intérêt jusqu'à cette époque ; mais passé cette époque, ladite somme produira des intérêts de plein droit à pour 100 par an jusqu'à payement effectif, le tout à prendre sur les plus clairs deniers de la succession du donateur.

Pour garantir à la future épouse le payement de ladite somme en principal et accessoires, M. hypothèque spécialement (*désignation et établissement de propriété de l'immeuble hypothéqué*).

Il est expressément stipulé que dans le cas où M. viendrait à disposer de ladite propriété, par vente, échange ou autrement, les futurs époux seront tenus de se désister de leur droit d'hypothèque sur ledit immeuble, et de donner mainlevée de toutes inscriptions à la charge par M. de fournir aux futurs époux en échange, à leur choix, une première hypothèque de pareille somme sur un autre immeuble représentant une valeur double de cette somme, ou une inscription de rente sur l'État de la somme de , immatriculée pour la nue propriété au nom de la future épouse, et pour l'usufruit au nom du donateur.

---

107. Constitution de dot en une rente viagère par des sœurs de la future en attendant les successions des père et mère.

En considération du mariage, Mlles , sœurs de la future, constituent en dot solidairement entre elles (*mais s'il n'y a point lieu à solidarité, chacune par tiers*), à la future épouse, qui accepte, une rente annuelle et temporaire de 1,100 francs payable de trois mois en trois mois à partir du jour de la célébration du mariage, au domicile à qui sera indiqué par la future épouse.

Les arrérages de cette rente seront indivisibles entre les héritiers des donatrices.

Cette rente s'éteindra au décès du prémourant des père et mère de la future pour la portion correspondante à l'intérêt à 5 pour 100 de l'émolument de la future dans la succession dudit prémourant, et elle sera complétement éteinte au jour où la future aura recueilli dans les successions de ses père et mère la toute propriété d'une somme principale de 22,000 francs.

Toutefois, dans le cas où la future épouse décéderait sans avoir recueilli dans lesdites successions ladite somme de 22,000 francs et sans laisser d'enfants, ladite rente sera continuée dans la proportion susindiquéée jusqu'au décès du futur époux de manière à laisser à la future la possibilité de disposer au profit du futur d'une rente annuelle et viagère de 1,100 francs sur la tête de ce dernier, ainsi qu'elle va le faire en fin du présent contrat.

Dans le cas où la future épouse décéderait en laissant des enfants, ladite rente profiterait auxdits enfants et au futur époux jusqu'au décès des père et mère de la future dans les conditions susindiquées.

---

108. Rente viagère par une belle-mère et une grand'mère en attendant la succession de cette dernière.

En considération du mariage, Mme A... et Mme B... constituent en dot au futur époux, leur fils et petit-fils, qui accepte, une rente annuelle et viagère, dont le futur époux sera saisi à partir du jour du mariage sur la tête de Mme B..., savoir : Mme A... de francs et Mme B... de francs, ensemble francs sans solidarité entre les donatrices, qui expliquent pour ordre qu'elles entendent constituer divisément dans ladite proportion, bien qu'elles stipulent les mêmes conditions.

Les arrérages de ladite rente seront payables au futur époux à en tel lieu de cette ville qui sera indiqué par les donatrices, et dans le cas où le futur époux décéderait sans laisser de descendants avant Mme B..., ladite rente cesserait de courir à partir du jour du décès du futur époux.

---

109. Constitution d'une rente subordonnée à la vie du donateur et à un événement.

En considération du mariage, M. constitue en dot à la future épouse, sa fille, qui accepte, une rente annuelle et viagère de 1,200 francs sur la tête du donateur au profit de la future épouse et des enfants à naître du mariage s'il y a lieu, payable de trois mois en trois mois à partir du jour de la célébration du mariage.

Mais il est formellement entendu que cette rente décroîtra au denier vingt au fur et à mesure des payements qui seront faits à la future épouse sur les 24,000 francs énoncés sous le n° de son apport en mariage, et cette rente se trouvera conséquemment éteinte quand la future épouse aura reçu lesdits 24,000 francs.

---

110. Constitution d'une rente remboursable sur le pied du cours de la Bourse.

En considération du mariage, Mme constitue en dot à M. , qui accepte, une rente de au capital minimum de à imputer d'abord sur la succession ouverte de M. , et subsidiairement sur celle de la donatrice. De laquelle rente les arrérages seront payés par au futur époux à partir du jour du mariage, en deux termes, les 1er et 1er de chaque année, de sorte que le premier payement à échoir le comprendra le prorata couru du jour du mariage jusqu'à cette époque. Le donateur remboursera cette rente quand bon lui semblera pendant sa vie, mais il ne pourra effectuer ce remboursement sans fournir non-seulement ledit capital, mais encore, suivant le cours de l'argent au jour du remboursement, une somme suffisante pour obtenir avec les intérêts en rente sur l'État français 3 pour 100 ledit revenu de . Le donataire aura le droit de demander le remboursement de ladite rente sur le taux ci-dessus indiqué après le décès du donateur.

---

111. Donation d'une quotité dans les successions à recueillir par les donateurs.

En outre, M. et Mme , en considération du mariage, voulant faire profiter la future épouse, leur fille, de l'amélioration qui pourrait survenir dans leur position de fortune par suite de successions à échoir qui seraient recueillies par l'un ou l'autre d'entre eux, s'obligent solidairement de remettre à la future épouse, toujours en avancement d'hoirie et par imputation sur les droits de cette demoiselle dans la succession du premier mourant de ses père et mère, et en cas d'excédant à valoir sur la succession du survivant, le quart des biens meubles et immeubles de toute nature qui pourraient advenir à l'un et à l'autre d'entre eux desdites successions à échoir, sans en rien excepter ni réserver.

Prenant l'engagement formel de remettre aux futurs époux l'importance de ce quart dans l'année au plus tard de la disposition et jouissance qu'ils auraient de ces successions, mais sans que la future épouse ait en aucun manière le droit d'intervenir dans les opérations ayant pour objet leur liquidation.

La rente viagère de ci-dessus donnée sera alors éteinte et confondue dans le quart remis à la future épouse de la première succession recueillie par l'un et l'autre de ses père et mère, et si le capital de cette rente avait été remboursé, il serait déduit du montant des valeurs à lui remettre pour la remplir du quart dont il s'agit.

Cette rente sera également éteinte dans le cas où la future épouse recueillerait personnellement une succession dans laquelle son émolument produirait un revenu égal ou supérieur à ladite rente, qui sera confondue dans ladite succession.

Dans le cas où la future épouse viendrait à décéder avant ses père et mère sans laisser d'enfants, lesdits sieur et dame ne seront plus tenus de faire ladite remise à ses héritiers et représentants.

---

112. Rente viagère assurée par un aïeul tant qu'il restera en possession de la succession de sa femme.

Cette rente sera imputable sur la succession de l'aïeule de la future épouse, soit pour les arrérages, soit pour le capital, si le remboursement en avait été opéré; et cette rente n'étant qu'une avance sur cette succession, il est bien entendu et convenu que M. , aïeul de la future épouse, n'en sera personnellement débiteur que tant qu'il conservera entre ses mains les valeurs dépendant de la succession de madame son épouse; mais, dans le cas où les héritiers ou représentants de cette dame lui demanderaient compte et partage de cette succession ou dans le cas où il lui conviendrait de rendre compte, alors il ne sera plus tenu du service de la rente présentement constituée, les père et mère de la future devant alors le garantir de toute action à cet égard, ainsi qu'ils s'y obligent solidairement.

Cette rente, au surplus, sera éteinte ainsi qu'il a été stipulé pour celle constituée par les père et mère de la future, dès que la future épouse sera mise en possession du quart à elle donné ci-dessus par ses père et mère de la première succession qui écherra à l'un d'eux, ou dès que la future épouse aura recueilli personnellement une succession dans laquelle son émolument produirait un revenu égal ou supérieur auxdites deux rentes de et de

Cette dot est ainsi constituée par M.   , aïeul de la future épouse, sous la condition expresse que dans le cas où, par suite desdits compte et partage, il ne conserverait plus entre ses mains la part revenant à madame sa fille dans la succession de madame son épouse, la rente perpétuelle de   par lui déjà constituée en dot à la fille aînée de sa fille aux termes de son contrat de mariage reçu par Me   notaire à   le   sera supportée par M. et Mme   , père et mère de la future, qui devront audit cas, ainsi qu'ils s'y obligent, servir ou rembourser cette rente en son acquit, de manière qu'il ne soit nullement inquiété ni recherché à l'égard de cette rente. **113.** Condition rétroagissant sur une précédente libéralité.

L'aïeul et les père et mère de la future entendant que dès que M.   aïeul n'aura plus, pour telle cause que ce soit, la jouissance des valeurs dépendant de la succession de madame son épouse, il soit entièrement déchargé du service et du payement de la rente présentement constituée et de la rente précédemment constituée par lui, à la sœur aînée de la future épouse aux termes du contrat susénoncé.

Et même dans le cas où M.   aïeul rendrait compte des revenus de la succession de madame son épouse, depuis le jour du décès de cette dame, les arrérages payés par lui de la rente présentement constituée à la future épouse, et de la rente par lui constituée à la sœur de la future depuis le jour du mariage de chacune d'elles jusqu'au jour de la reddition dudit compte, seront imputés sur la portion qui reviendrait à Mme   , mère de la future, et à ses représentants dans les revenus de la succession de Mme   , aïeule.

En considération du mariage, M. et Mme   constituent en dot solidairement au futur époux, qui accepte, en avancement d'hoirie à imputer d'abord sur la succession du prémourant, et subsidiairement, s'il y a lieu, sur la succession du survivant : **114.** Supplément de dot garanti jusqu'à l'événement d'une succession.

1° Un trousseau ;

2° Une somme exigible le   ;

Et 3° Sous la condition ci-après exprimée, une somme de B pour compléter au futur époux, avec lesdits   et lesdits   une dot de   . Mais la donation de ces B n'est ainsi faite au futur époux que pour le cas où il ne recueillerait pas de toute autre personne que de ses père et mère, avant le décès du dernier mourant des donateurs, par succession, donation ou legs (ou pour le cas où le prédécès du donataire arrivant, ses descendants ne recueilleraient pas de toute autre personne par succession et par représentation), une autre somme de B au moins en immeubles, rentes ou valeurs quelconques.

La présente donation de B sera réputée nulle et non avenue pour la totalité, dans le cas où le futur époux ou ses descendants par représentation recueilleraient de la manière qui vient d'être exprimée une valeur de B ou toute autre valeur supérieure, et elle sera réduite à la somme nécessaire pour compléter lesdits B, dans le cas où la valeur recueillie serait inférieure à cette somme. — La somme ainsi donnée par M. et Mme ne sera exigible que dans les six mois du décès du survivant des donateurs, mais elle pourra être payée par anticipation, à la volonté des donateurs, en prévenant trois mois d'avance. Lesdits donateurs s'obligent, sous ladite solidarité, à servir les intérêts de ladite somme sur le pied de 5 pour 100 par an sans retenue, de six en six mois à partir du jour du mariage. Ces intérêts cesseront progressivement du jour où le futur époux ou ses enfants aurait droit aux fruits et revenus de la valeur recueillie; et il est bien entendu que le futur époux ne sera tenu à aucun rapport pour les intérêts de ce supplément de dot.

Tous payements en principal et intérêts auront lieu, à , en la demeure des donateurs ou en tout autre lieu de cette ville qu'ils indiqueront.

Il est bien entendu que les clauses d'inaliénabilité et les charges de restitution ou de droit de retour dont pourraient être grevés les biens que recueillerait le futur époux ne feront point obstacle à l'application de la condition résolutoire qui précède.

115.
Donation par des aïeux à leur petite-fille avec imputation par le fils sur la succession des aïeux et par la petite-fille sur la succession du fils.

En considération du mariage, et d'accord avec M. son fils, ainsi que ce dernier le reconnaît et accepte, Mme A... fait donation à la future épouse, sa petite-fille, qui accepte, d'une somme de francs, qui ne sera exigible qu'au décès de Mme veuve A..., mais dont cette dame s'oblige à payer les intérêts en sa demeure, de trois en trois mois, sur le pied de 5 pour 100 par an à partir du jour du mariage jusqu'à payement effectif.

Pour maintenir dans la succession future de Mme A... l'égalité entre ses enfants, M. B..., ainsi que le reconnaît expressément ce dernier, sera considéré vis-à-vis de Mme A... comme ayant reçu d'elle directement : 1° ladite somme de francs, 2° *et les intérêts que cette somme produira jusqu'au décès de Mme A...*

En conséquence, et de convention expresse, M. B... ou ses représentants rapporteront à la succession de Mme A.. : 1° ladite somme principale de francs, 2° *et somme égale au montant des intérêts qui auront été payés par ladite dame ou sa succession.*

D'un autre côté, pour maintenir dans la succession future de M. B... l'égalité entre les enfants de ce dernier, la future épouse, ainsi qu'elle le reconnaît et accepte, sera considérée vis-à-vis de M. B... comme ayant reçu de lui directement ladite somme de francs; et la future épouse s'oblige, par suite, à rapporter cette somme de francs à la succession de M. son père avec intérêts du jour du décès de ce dernier.

Il est bien entendu que si, M. B venant à décéder avant les aïeuls de la future épouse, celle-ci était appelée à recueillir la succession de ces derniers, elle n'aurait personnellement aucun rapport à effectuer à ces successions pour raison de ces francs, attendu que, d'après ce qui vient d'être dit, le rapport en serait ou en aurait été dû auxdites successions par la succession de M. B, c'est-à-dire par tous les enfants héritiers de ce dernier conjointement, et que la future épouse n'en devra jamais le rapport qu'aux successions de ses père et mère.

L'enregistrement ne perçoit qu'un droit de donation sur cette disposition (1).

---

(1) *Si avant le décès de l'aïeul le fils veut payer ce supplément de dot, il y a lieu de constater ce payement par acte authentique d'après la forme suivante :*

Et le

Par-devant M[e] et M[e] , son collègue, notaires, etc.

ONT COMPARU :

M. A... et Mme , son épouse, qu'il autorise, demeurant ensemble à ;

D'UNE PART.

Et M. B..., négociant, et Mme , son épouse, qu'il autorise, demeurant ensemble à ; D'AUTRE PART.

Lesquels ont dit et fait entre eux ce qui suit :

Aux termes du contrat de mariage de M. et Mme B..., reçu par M[e] , notaire

226. Constitution de dot avec imputations particulières à trois enfants de second lit au regard d'un frère consanguin.

En faveur du mariage, M. et Mme font donation entre-vifs à Mlle , leur fille, qui accepte, etc.

Cette dot est constituée dans les mêmes termes et conditions que celle qui a été faite à M. , frère germain de la future, suivant son contrat de mariage avec Mlle , passé devant Me , notaire à le .

à , le , dont minute précède, M. et Mme A..., père et mère de M. B..., outre une dot dont ils se sont libérés aux termes du contrat, et pour le cas où la future épouse ne recueillerait pas de toute autre personne que de ses père et mère avant le décès du dernier mourant d'eux, par succession, donation ou legs, une somme de francs au moins en immeubles, rentes, créances ou valeurs quelconques, lui ont constitué en dot une somme de francs, ou celle qui serait nécessaire pour compléter avec la valeur recueillie ladite somme de francs, laquelle somme donnée n'est exigible que dans les six mois du décès du survivant des donateurs, et produit à compter du jour du mariage des intérêts à 5 pour 100 l'an, payables de trois mois en trois mois.

Cette donation éventuelle ne donne actuellement ouverture à aucune action contre les donateurs pour ce qui concerne le capital, puisqu'elle peut être annulée en tout ou en partie par l'accomplissement de la condition résolutoire sous laquelle elle a été faite, et que d'ailleurs ce capital n'est exigible qu'au décès du dernier mourant des donateurs; mais M. et Mme A... ont jugé à propos, dans les circonstances actuelles, de mettre à la disposition de leur gendre et fille cette somme de francs, à charge de remboursement ou restitution dans les cas ci-après prévus, et, cette offre ayant été acceptée, elle a été exécutée ainsi qu'il suit :

M. et Mme B... reconnaissent avoir à l'instant reçu de M. et Mme A... la somme de francs.

Ledit capital de francs n'est ainsi remis entre les mains de M. et Mme B..., qu'à la charge par eux, non-seulement d'en opérer la restitution en tout ou en partie en cas d'échéance de la condition résolutoire, mais encore, avant cette époque, de la rembourser à M. et Mme A..., ou au survivant d'eux, sur leur simple demande, et dans les termes qui vont être convenus, de manière à remettre les choses dans l'état où elles étaient avant les présentes conventions.

Ainsi, la remise de fonds qui vient d'être effectuée n'opère dès à présent et définitivement la libération de M. et Mme A... qu'à l'égard des intérêts qu'ils s'étaient obligés de servir ; à l'égard du capital, l'avance qui vient d'en être faite ne constitue qu'un simple prêt dont les intérêts se compensent avec ceux des francs de la donation éventuelle, et ne constitue un payement anticipé qu'autant que le remboursement n'en aurait pas été demandé et effectué à l'époque où la condition résolutoire viendrait à s'accomplir ou au terme fixé pour le payement la condition ne s'étant pas accomplie, lequel payement anticipé donnera lieu à restitution pour le cas d'accomplissement de la condition résolutoire.

Et, en conséquence, M. et Mme B... s'obligent conjointement et solidairement à rendre

En conséquence elle s'imputera d'abord et sera prélevée spécialement jusqu'à épuisement sur la succession de M.   père, par préciput et hors part, avec dispense de rapport à ladite succession.

En cas d'insuffisance de la succession de M.   , ladite somme s'imputera subsidiairement sur la succession de Mme   , mais sans préciput et avec charge de rapport à cette dernière succession, et aussi

---

et rembourser à M. et Mme A..., ou au survivant d'eux, à leur première demande, la somme capitale de   francs qu'ils viennent de recevoir, pourvu que cette demande soit faite trois mois avant l'époque fixée pour le remboursement, lequel ne pourra être exigé avant un an de ce jour. En outre, dans le cas où la condition résolutoire viendrait à s'accomplir avant que le remboursement fut effectué, M. et Mme B... s'obligent solidairement à rendre et restituer à M. et Mme A..., ou au survivant d'eux, dans les trois mois du jour où Mme B... aurait recueilli par succession, donation ou legs, un immeuble, rente, créance ou valeur quelconque, ladite somme de   francs, si la valeur recueillie est égale ou supérieure, ou si la valeur recueillie était inférieure à   francs, la somme qui excéderait celle qui serait nécessaire pour, avec la valeur recueillie, compléter lesdits   francs, le tout avec les intérêts à 5 pour 100 de la somme à restituer à compter du jour où Mme B... aurait droit aux fruits de la valeur recueillie.

Enfin, pour le cas où, à l'époque fixée pour l'exigibilité des   francs formant l'objet de la donation éventuelle (le décès de M. et Mme A...), le remboursement des   francs qui viennent d'être payés n'ayant pas été effectué, la condition résolutoire ne serait pas accomplie, M. et Mme B... reconnaissent que le payement par anticipation qui vient de leur être fait libère complétement M. et Mme A..., envers eux, du montant de la donation éventuelle qu'ils avaient faite à leur fille, leur en donnant dès à présent, et pour ledit cas, quittance et décharge définitive.

Si l'aïeul et la femme du fils craignent que par le prédécès du fils la succession de l'aïeul ne soit dévolue directement aux petits-enfants, et que par cet événement la femme du fils, privée de tout droit d'usufruit sur une succession advenue après le décès du fils, ne soit gênée; il peut y avoir lieu, pour favoriser la dot sans nuire à cet intérêt respectable, de faire faire par l'aïeul le testament ci-joint, qui, quoique révocable, peut donner toute confiance dans certaines familles.

Ceci est mon testament :

Voulant, autant qu'il est en moi, concourir à maintenir l'égalité entre mes petits-enfants, comme j'ai eu le bonheur de la maintenir entre mes enfants;

Et, considérant que M. et Mme A..., mes fils et bru, en constituant à chacun des trois enfants qu'ils ont mariés une même dot de 40,000 francs, indépendamment pour chacune des deux filles d'un trousseau dont je n'ai pas à m'occuper en ce moment, ont été amenés à stipuler des conditions d'imputation sur leurs successions, qui, étant différentes au regard de chacun de leurs enfants, constitueraient en résultat des inégalités dans les partages à intervenir;

sans préjudice de l'exercice plein et entier des droits de la future comme héritière dans la succession de madame sa mère.

M. père se réserve la faculté de faire au profit de son troisième enfant du second lit, par acte entre-vifs ou testamentaire, des dispositions de mêmes sommes que celles qu'il a ainsi faites à M. et à Mlle , chacun individuellement et dans les mêmes termes.

En conséquence et dans le cas où il décéderait après avoir usé de cette

---

Particulièrement dans le contrat de mariage de M. B... avec Mlle A..., passé devant Me , notaire à , le , la dot de Mme B... a été stipulée imputable d'abord sur la succession du premier mourant de ses père et mère, et subsidiairement sur la succession du survivant. — Dans le contrat de mariage de M. C... avec la seconde fille de M. et Mme A..., passé devant Me , notaire à , le , la dot de Mme C... a été stipulée imputable dans les mêmes termes, et dans le contrat de mariage de M. A... fils la dot a été divisée en deux parties : l'une, de 15,000 francs, imputable purement et simplement comme les précédentes, et l'autre partie, de 25,000 francs, a été subordonnée à l'événement qui pourrait livrer à M. A..., par succession, donation ou legs une semblable somme de 25,000 francs ou toute autre somme inférieure, la volonté des donateurs ayant été de ne concourir de leur vivant à faire ou compléter lesdits 25,000 francs, que dans le cas où M. leur fils n'aurait pas recueilli durant leur vie, par succession, donation ou legs, tout ou partie d'une somme semblable de 25,000 francs.

Ce qui dans l'application produit ce résultat : Que dans le cas où je viendrais à mourir après avoir eu le malheur de perdre mon fils, Mmes B... et C... recueilleraient directement la totalité de leurs droits dans ma succession et n'en conserveraient pas moins la totalité de leur dot, tandis que M. A... fils, en recueillant ma succession, ne conserverait d'une manière certaine que la partie de 15,000 francs sur sa constitution de 40,000 francs, et qu'il ne conserverait de la seconde partie de 25,000 francs que ce qui pourrait lui être nécessaire pour compléter une semblable somme de 25,000 francs dans ses droits héréditaires.

Au point de vue de ma bru, je suis frappé d'une conséquence desdites différences, à savoir, que son mari m'ayant prédécédé dans ladite hypothèse, elle rentrerait dans tout ou partie d'une somme de 25,000 francs sur la dot constituée à son fils, tandis qu'elle ne rentrerait dans aucune somme sur la dot constituée à ses deux filles.

Pour obvier autant que possible à ces divers inconvénients, je donne et lègue à ma bru, sur la part que chacune de Mmes B... et C... recueillera dans ma succession, l'usufruit pendant sa vie, à partir de mon décès, sans charge de caution ni d'emploi, d'une somme égale à celle qui lui sera rétablie en conséquence de ladite convention sur la dot de son fils par l'événement du partage de ma succession.

Paris, ce

faculté, il entend que les droits de ses enfants du second lit soient réglés entre eux et à l'égard de sa succession, sur un pied de parité absolue, nonobstant la différence des époques où ces dispositions auraient été faites, de telle sorte que si les dispositions projetées ont lieu, elles seront, ainsi que celles faites présentement et celles déjà faites, soumises aux mêmes avantages et charges, profitant à ceux desdits enfants qui y seront appelés concurremment et sans préférence entre eux.

---

117. Dispense de rapport de bénéfices sociaux

Lorsque le futur époux a recueilli des bénéfices dans une société non établie dans les termes de l'article 854 du Code Napoléon, il y a lieu de les consolider autant que possible de la manière suivante :

M. père déclare que pour assurer autant que possible au futur époux la conservation des bénéfices que ce dernier a loyalement acquis dans la société formée entre eux par acte sous signatures privées, et pour le cas où contre toute attente les cohéritiers du futur forceraient ce dernier au rapport de tout ou de partie de ces bénéfices, il fait dès à présent donation au futur époux qui accepte, par préciput et hors part, d'une somme égale en principal et intérêts au rapport dont il s'agit.

---

118. Constitution de dot à un enfant naturel avec réduction de ses droits

En considération dudit mariage, M. constitue en dot à Mlle , sa fille naturelle qui accepte, une somme de .

En usant de la faculté accordée par l'art. 761 du Code civil, M. déclare que son intention est de réduire à moitié les droits de ladite demoiselle, sa fille, dans sa succession future.

Dans le cas où ladite somme ne représenterait pas cette moitié, la future épouse réclamera le supplément nécessaire pour la compléter.

Dans le cas où ladite somme excéderait cette moitié, M. fait donation à la future épouse de l'excédant, voulant qu'on ne puisse lui demander à cet égard aucune réduction ni restitution.

---

119. *Donation de biens présents et à venir.*

En considération du mariage, M.   fait donation entre-vifs à la future épouse, sa nièce, qui accepte, de tous les biens meubles et immeubles qui lui appartiennent actuellement et qui pourront lui appartenir à l'avenir à quelque titre que ce soit, sans aucune exception ni réserve.

Pour la future épouse jouir et disposer de l'universalité desdits biens comme de chose lui appartenant en toute propriété à partir du jour du décès du donateur.

Cette donation est faite à la charge par la future épouse qui s'y oblige d'acquitter toutes les dettes actuelles du donateur comprises en l'état qui en a été dressé par les parties et qui est demeuré ci-annexé après avoir été signé en présence des notaires, *ne varietur*, et que dessus mention du tout a été faite par lesdits notaires; comme aussi d'acquitter toutes les dettes futures du donateur si la future épouse ne s'en tenait pas aux biens présents.

M.   déclare que ses biens présents consistent en : 1°   , 2°   , etc.

---

120. *Institution contractuelle en faveur d'un fils unique.*

En considération dudit mariage, M. et Mme   instituent le futur époux leur fils, seul et unique héritier de tous les biens meubles et immeubles qui composeront leurs successions sans aucune exception ni réserve, et dont ils lui font donation irrévocable, s'interdisant de faire à son préjudice aucun acte de libéralité entre-vifs ou testamentaire.

Néanmoins cette institution ne pourra préjudicier aux avantages que M. et Mme   ont pu ou pourront se faire l'un à l'autre, et ils se réservent expressément la faculté de disposer à titre gratuit et au profit de qui bon leur semblera chacun jusqu'à concurrence de   .

---

121. *Autre avec substitution au profit des enfants à naître.*

En considération dudit mariage, M. et Mme   instituent le futur époux, leur fils, seul et unique héritier de tous les biens meubles et immeubles qui composeront leurs successions sans aucune exception ni réserve, et dont ils lui font donation irrévocable; mais M. et Mme   substituent jusqu'à concurrence de la portion disponible au profit des enfants à naître du mariage les biens qui écherront au futur époux au moyen de la présente donation, en sorte que le futur époux ne pourra en disposer ni les hypothéquer pour quelque cause que ce soit à leur préjudice que pour l'excédant de la portion disponible.

Cette institution ne pourra nuire de convention expresse aux avantages, etc. (*Comme dans l'article précédent.*)

---

122. Institution contractuelle en cas d'existence de plusieurs enfants.

En considération dudit mariage, M. et Mme assurent à la future épouse, leur fille, à laquelle ils en font donation irrévocable, l'intégralité de sa part héréditaire dans leurs successions futures, même dans la portion disponible, *sauf ce qui va être dit ci-après;* en conséquence, ils l'instituent leur héritière pour la part et portion qui doit lui advenir légalement dans leurs successions, en raison du nombre d'enfants qu'ils laisseront, et ils renoncent, *sauf ce qui va être dit ci-après*, à avantager aucun de leurs enfants, plus que la future épouse, directement ou indirectement, comme aussi à faire aucun acte de libéralité par donation ou testament au préjudice de la future épouse, si ce n'est de sommes modiques et à titre de récompense.

Cette institution contractuelle ne pourra nuire de convention expresse aux avantages que M. et Mme ont pu ou pourront se faire l'un à l'autre.

123. Réserve de disposer.

Il peut y avoir lieu d'ajouter :

En outre, M. et Mme se réservent de disposer par préciput et hors part, en faveur d'un de leurs enfants, du château de , avec les cour, basse-cour et jardin, l'avenue en face de ce château, les arbres de ladite avenue, et 2 mètres de terrain le long de ladite avenue au delà desdits arbres, sous la réserve, au profit de qui il appartiendra, du droit le plus étendu de passage dans ladite avenue et sur ladite prolongation de 2 mètres, pour l'exploitation des fermes et des bois dépendant de ladite terre.

---

124. Institution contractuelle de la quotité disponible sur la part d'un autre enfant.

En considération du mariage, Mme , usant de la faculté accordée par l'article 1082 du Code Napoléon, fait donation à la future épouse, sa fille, de toute la portion dont la loi lui permettra de disposer sur la part héréditaire de , dans la succession de la donatrice.

125. Autre des deux tiers de la quotité disponible plus d'autres immeubles.

En considération du mariage, M. fait donation au futur époux, son fils, par préciput et hors part, des deux tiers de la quotité disponible dans sa succession, et il comprend particulièrement dans cette donation le château de . En outre, M. donne au futur époux ce qui pourra rester de ladite terre après la formation de ce lot de quotité disponible, jusqu'à concurrence des droits héréditaires du futur époux dans la réserve de la succession, à commencer par les immeubles qui seront les plus rapprochés dudit château. La valeur de ce château, etc., est fixée dès à présent à la somme de francs. Quant à la valeur des autres biens donnés, elle sera déterminée par experts nommés, soit à l'amiable, soit en justice, et dans le cas où une expertise porterait à plus de francs la valeur dudit château, M. fait dès à présent donation de l'excédant au futur époux par préciput et hors part. Toutefois, dans le cas où à l'époque de l'ouverture de la présente donation la contenance du château et dépendance excéderait la contenance actuelle, qui est de , le donataire devrait tenir compte de cet excédant d'après ladite expertise.

---

126. Autre de biens suivant leurs revenus.

En considération du mariage, M. et Mme font donation à la future épouse de biens ruraux à prendre dans ceux dépendant de leurs successions, et produisant par baux authentiques courants au décès un revenu net de francs. Lesquels biens seront imputés d'abord sur la part de la future épouse dans les successions de ses père et mère, et subsidiairement, s'il y a lieu, sur la quotité disponible à épuiser par préciput et hors part, moitié dans la succession du prémourant des donateurs et moitié dans la succession du survivant.

---

127. Renonciation à demander aucun compte au survivant des père et mère.

Au moyen de cette constitution de dot, les futurs époux s'engagent d'HONNEUR à ne demander au survivant des sieur et dame aucun compte ni partage de la succession du prémourant, et à laisser jouir ledit survivant pendant sa vie de tous les biens du prédécédé, avec dispense de fournir caution et de faire emploi, à la charge seulement par M. et

Mme d'imposer semblable condition à leurs autres enfants en les établissant par mariage ou autrement, et de faire faire bon et fidèle inventaire des biens du prédécédé.

---

128. *En cas de partage, rapport en entier à la succession du prémourant.*

Dans le cas où lesdits compte et partage seraient demandés par les futurs époux ou auraient lieu pour toute autre cause, la dot constituée à la future épouse sera rapportable en entier à la succession du prédécédé de ses père et mère, qui sera réputé avoir seul doté.

---

129. *Don hors part la portion de fruits ou revenus.*

Il sera fait lors du partage un compte général des revenus des biens de ladite succession et de la communauté existant entre M. et Mme .

La future épouse y fera le rapport fictif des fruits et intérêts de la dot échus depuis le décès du prémourant des sieur et dame , et l'on se fera compte respectif de la différence qui pourra exister de part et d'autre en plus ou en moins.

Toutefois, si le partage avait lieu par une cause étrangère à la future épouse, et si les fruits et intérêts rapportables par la future épouse excédaient la portion afférente à la future épouse dans les revenus échus depuis le décès, de sorte que l'exécution volontaire de la clause qui précède lui deviendrait préjudiciable en l'amenant à une restitution de fruits tout à fait inattendue, il demeure expressément convenu : que le survivant des sieur et dame tiendra compte à la future épouse de cet excédant sur les plus clairs deniers qui seront attribués audit survivant pour le remplir de ses droits dans lesdites communauté et succession. — A cet effet, M. et Mme pour le survivant d'eux font en tant que de besoin donation par préciput et hors part à la future épouse d'une somme égale à cet excédant.

Lorsque la constitution de dot consiste en une rente, il faut modifier le commencement de ce dernier paragraphe ainsi qu'il suit :

Et, pour le cas où les sommes payées à la future épouse à titre d'intérêts ou arrérages depuis le décès du prémourant jusqu'au jour du partage ou de la demande en partage excéderaient la portion afférente, etc., etc.

130. Réserve du droit de retour.

M. et Mme réservent à chacun d'eux le droit de retour sur la portion dont il sera établi donateur dans ladite constitution de dot après ladite imputation, pour le cas où ils survivraient l'un ou l'autre ou tous deux au futur époux et à sa postérité.

Toutefois il est convenu :

1° Que cette réserve de droit de retour ne pourra pas empêcher pendant le mariage l'aliénation libre des biens donnés ou leur affectation hypothécaire à la garantie de telles dettes qu'il plaira au futur époux, le tout hors la présence des donateurs, sans que les tiers aient à s'en préoccuper ni à demander de remploi, sauf aux donateurs à n'exercer ledit droit de retour en cas de vente ou d'échange que sur le prix d'aliénation ou sur les immeubles remis en contre-échange et en cas d'hypothèque sur l'excédant du prix, en ayant tout recours contre le futur époux pour la différence ;

2° Que cette réserve ne nuira pas à la donation que le futur époux pourra faire à la future épouse en usufruit avec dispense de caution et d'emploi, ni aux préciput et autres gains de survie de la future épouse ;

3° Que nonobstant cette réserve, la future épouse pourra disposer par donation ou legs, au profit de qui bon lui semblera, d'une somme de en toute propriété.

4° Et qu'à l'égard de la rente sur l'État, qu'elle soit ou ne soit pas vendue, le droit de retour portera sur la valeur actuelle ci-dessus indiquée.

131. Autre.

Lorsque dans le même contrat il y a constitution de dot aux deux époux avec réserve du droit de retour par chaque donateur dans les mêmes termes, il est bon, pour éviter les répétitions, de ne pas faire une réserve particulière à la suite de chaque donation, mais au contraire de stipuler ces réserves semblables, sous un seul article, dans les termes suivants :

M. et Mme A... et M. B... réservent à chacun d'eux le droit de retour sur la portion dont il serait établi donateur dans les constitutions de dot ci-dessus indiquées après lesdites imputations pour le cas où ils survivraient, savoir :

M. et Mme A..., ou l'un d'eux au futur époux et à sa postérité, et M. B... à la future épouse ou à sa postérité.

Toutefois, etc. (*La suite comme dans la formule qui précède.*)

Lorsque dans la dot d'un des époux il existe une nue propriété, on peut, en vue d'une limitation du droit de retour, rédiger la donation entre époux dans les termes indiqués ci-après, formule 156.

---

132. Délai pour l'exercice de ce droit.

Le futur époux, s'il survit, aura le même délai que celui exprimé ci-après sous l'art.   pour la restitution des sommes qui deviendraient exigibles par l'effet de ce droit de retour, à la charge d'en payer les intérêts sur le pied de 5 pour 100 par an.

---

133. Obligation d'emploi successif des biens grevés du droit de retour.

Dans le cas où les donateurs voudraient, pour assurer l'utilité de leur droit de retour, ne permettre l'aliénation qu'à charge de remploi et interdire bien entendu toute hypothèque, il y aurait lieu de modifier dans les termes suivants le n° 1 du second paragraphe de la formule n° 130.

Que cette réserve de droit de retour ne pourra pas empêcher l'aliénation des biens donnés, hors la présence des donateurs, pourvu qu'il soit fait emploi du prix des aliénations, soit en acquisition d'immeubles, etc. (*Voir la formule d'emploi au régime dotal pour y choisir les emplois à prescrire sans emprunter rien autre à cette formule.*)

Les tiers seront tenus de surveiller la réalisation matérielle du remploi, mais ils ne seront point responsables de son utilité, et les titres de tous biens acquis en emploi *ou en remploi successif* devront faire mention dudit droit de retour.

Le futur ne pourrait faire d'autre emploi, *ni aliéner les biens acquis une première fois en emploi*, qu'en obtenant l'autorisation des donateurs.

---

134. Désistement partiel du droit de retour en cas de deuxièmes noces.

En considération du mariage, M. et Mme   , père et mère de la future épouse, consentent à ce que le droit de retour qu'ils se sont réservé sur la dot de   constituée par eux à cette dernière lors de son premier mariage aux termes du contrat susénoncé, ne puisse être exercé au préjudice des enfants à naître du mariage et ne puisse nuire à l'effet de la donation que la future épouse va faire ci-après au futur époux en usufruit avec dispense de caution et d'emploi.

TITRE TROISIÈME.

DONATIONS ENTRE ÉPOUX.

135. Donation universelle en toute propriété au profit du survivant.

Les futurs époux font donation au survivant d'eux, ce qui est accepté respectivement, de tous les biens meubles et immeubles, sans exception ni réserve, qui composeront la succession du prémourant, pour le survivant jouir et disposer desdits biens comme bon lui semblera en toute propriété à partir du jour du décès du prémourant.

136. Réduction à moitié en usufruit.

En cas d'existence d'enfant, la présente donation sera réduite à moitié en usufruit des biens composant ladite succession, y compris les rapports.

137. Réduction à un quart en toute propriété et un quart en usufruit.

En cas d'existence d'enfant, la présente donation sera réduite à un quart en toute propriété et à un quart en usufruit des biens composant ladite succession y compris les rapports.

138. Disposition en cas d'ascendant.

En cas d'existence d'ascendants, la présente donation comprendra même l'usufruit de la portion de biens qui leur est réservée.

139. Autre [illegible]

En cas d'existence d'ascendants ayant droit à une réserve, la présente donation subira la réduction voulue par la loi.

---

140. Dispense de caution et d'emploi.

Le survivant, en cas d'usufruit, sera dispensé de fournir caution et de faire emploi, mais il devra faire faire inventaire et avancer tous droits de mutation à la charge des héritiers pour la nue propriété, sauf compte sans intérêts à la fin de l'usufruit.

---

141. Dispense de caution mais obligation d'emploi.

Le survivant, en cas d'usufruit, sera dispensé de fournir caution, mais il devra faire faire inventaire et faire emploi de toutes sommes et valeurs mobilières au porteur ainsi que du prix à provenir de toute vente de biens meubles et immeubles, en rentes sur l'État français, en actions de la banque de France ou placements hypothécaires en premier rang, sur des immeubles situés à représentant, d'après le prix d'acquisition, le double de la somme prêtée, le tout à son choix.

Ledit survivant pourra toucher tous capitaux et aliéner tous biens meubles ou immeubles, même ceux acquis en remploi successif, le tout sur sa simple signature hors la présence et sans le concours des nu-propriétaires, mais à la charge du remploi ci-dessus exprimé.

Ces divers emplois et remplois ne seront valables qu'autant que les titres qui devront être inscrits au nom des nu-propriétaires pour la nue propriété feront mention de l'origine des deniers, ensemble de la faculté d'aliéner à charge de remploi.

Les tiers débiteurs ou acquéreurs seront responsables de l'accomplissement desdits emplois ou remplois, mais une fois l'emploi ou le remploi effectué, ils ne seront responsables ni de son utilité ni de ses suites. (*Voir au surplus le* § 3 *de la formule* 48.)

142. Caution en cas de convol.

En cas de convol, le survivant sera tenu de fournir caution ou de faire emploi à partir du jour de son second mariage.

143. Emploi en cas de convol.

En cas d'usufruit, le survivant sera dispensé de fournir caution, mais il devra faire faire inventaire, et il ne sera dispensé de faire emploi des capitaux que jusqu'au jour où il convolerait à de secondes noces; à partir de cette époque, ledit survivant sera tenu de faire emploi desdits capitaux dans les termes qui vont être exprimés.

(*Dire en cet endroit les conditions d'emploi. — Voir* formule 48).

---

144. Donation universelle en usufruit au profit du survivant.

Les futurs époux font donation au survivant d'eux, ce qui est accepté respectivement, de l'usufruit à partir du jour du décès du prémourant, pendant la vie du survivant *ou jusqu'au jour où le survivant convolerait à de secondes noces, et au plus tard, conséquemment jusqu'au jour de son décès,* de tous les biens meubles et immeubles, sans exception ni réserve, qui composeront la succession du prédécédé.

Le survivant (*Voir ci-dessus*, formules 140 et suivantes, *ou dire*) pourra toucher tous capitaux et autres valeurs mobilières grevées dudit usufruit, vendre tous biens meubles et immeubles, en toucher le prix, donner mainlevée et désistement sans payement, le tout hors la présence des héritiers ou représentants du prédécédé et sans être assujetti à aucun emploi ou remploi ni à fournir caution, mais à la charge seulement de faire faire bon et fidèle inventaire, et d'avancer tous droits de mutation à la charge des héritiers pour la nue propriété, sauf compte sans intérêts, à la fin de l'usufruit.

---

145. Réduction en cas d'existence d'enfant d'un premier lit.

En cas d'existence, au jour du décès du futur époux, de l'enfant né de son premier mariage, la présente donation sera réduite pour la future épouse à l'usufruit (*ou à la toute-propriété*) d'une part d'enfant légitime le moins prenant dans tous les biens dépendants de la succession du futur époux, y compris les rapports sans aucune exception.

On peut ajouter, dans le cas où *la donation est faite en toute propriété :*

Si mieux n'aiment les héritiers du donateur laisser jouir la future épouse pendant sa vie à compter du jour du décès du futur époux, et avec dispense de fournir caution et de faire emploi, de la moitié de tous les biens dépendants de ladite succession, toujours y compris les rapports sans aucune exception.

---

146. Réserve de disposer d'une somme nonobstant une donation universelle.

Nonobstant la donation ci-dessus faite, il demeure convenu que le prémourant pourra disposer au profit de qui bon lui semblera de la somme de .
A défaut de disposition à ce sujet, cette somme restera confondue dans la donation dont il s'agit.

---

147. Réserve des habits de l'époux décédé.

Et dans le cas où il n'existerait aucun descendant du mariage au jour du prédécès de la future épouse, il est convenu : que les droits du futur époux survivant ne pourront porter, à quelque titre que ce soit, sur les habits, linges, hardes, dentelles et bijoux à l'usage de la future épouse. — Ces divers objets mobiliers devant en ce cas être remis aux héritiers de la future épouse, qui tiendront compte de la valeur de ces objets d'après la prisée qui en sera faite dans l'inventaire après le décès de la future épouse.

---

148. Donation de l'usufruit des apports et dot du prémourant et de sa part dans la communauté.

Les futurs époux se font donation irrévocable au survivant d'eux, ce qui est accepté respectivement :

De l'usufruit pendant la vie du survivant, à partir du jour du décès du prémourant :

1° Des apport et dot du prémourant ou des biens et valeurs qui en seront la représentation ;

2° Et de la portion revenant à l'époux prédécédé dans tous les biens meubles et immeubles sans exception qui composeront les bénéfices nets de la communauté (*ou société d'acquêts*) stipulée par le présent contrat.

En cas d'existence de descendants, la réduction, si elle est nécessaire, aura lieu dans les termes de la plus large quotité disponible au profit du survivant, mais toujours en usufruit.

En cas d'existence d'ascendants, la présente donation ne subira aucune réduction.

Dans tous les cas le survivant sera dispensé, etc.

Il est bien entendu que la future épouse ne pourra avoir droit, pour raison de la présente donation et de sa rente viagère stipulée sous l'article , qu'à l'usufruit de tous les biens qui composeront la succession du futur époux.

---

149. Donation de l'usufruit d'une somme fixe.

En considération du mariage, les futurs époux se font l'un à l'autre, au profit du survivant d'eux, ce qu'ils acceptent respectivement pour ledit survivant, donation entre-vifs et irrévocable de l'usufruit pendant la vie du survivant, à partir du jour du décès du prémourant, d'une somme de , à prendre sur les plus clairs et apparents biens de la succession du prémourant.

Si cette donation excédait la quotité disponible, en cas d'existence d'enfants, la réduction s'en opérerait toujours en usufruit.

Et en cas d'existence d'ascendants, etc.

Le survivant sera dispensé, etc.

Si la donation n'était que de moitié en usufruit (ou toute autre quotité) et que cependant l'époux donateur voulût assurer l'usufruit d'une somme fixe, on pourrait employer la formule suivante : **150.** Usufruit garanti d'une somme fixe minimum.

Et pour le cas où la valeur de la moitié des biens composant la succession du futur époux ne s'élèverait pas à la somme de , le futur époux fait donation à la future épouse, indépendamment de l'usufruit de la moitié desdits biens, de l'usufruit d'une somme suffisante pour compléter à la future épouse lesdits , voulant qu'en tout état de choses la future épouse ait l'usufruit d'au moins une somme de avec dispense de fournir caution et de faire emploi, mais à la charge de faire faire bon et fidèle inventaire.

Les futurs époux se font donation l'un à l'autre, etc., de l'usufruit pendant la vie du survivant, à compter du jour du décès du prémourant, du capital nécessaire pour assurer, au cours de l'intérêt, au jour du décès, un revenu de , net de toutes retenues. Ce cours sera déterminé par le cours des rentes sur l'État français le plus élevé à la Bourse de Paris au jour dudit décès. **151.** Rente d'après le cours de l'argent au jour du décès.

Le survivant ne sera pas tenu de fournir caution, mais il devra faire faire inventaire, et il devra faire emploi dudit capital, etc.

Les futurs époux font donation au survivant d'eux ce qui est accepté respectivement, savoir : **152.** Donation mutuelle d'une rente viagère.

Le futur à la future d'une rente viagère de dont elle sera saisie par le seul fait de la célébration du mariage pour en jouir pendant sa vie, à compter du jour du décès du futur époux.

Et la future au futur d'une rente annuelle et viagère de , dont il jouira pendant sa vie, à compter du jour du décès de la future épouse.

Les arrérages de chacune desdites rentes seront indivisibles entre les représentants du prémourant, et ils seront payables au survivant sans retenue de mois en mois au domicile à qu'il indiquera, sans que ledit survivant ait à fournir de certificat de vie, tant qu'il signera personnellement les quittances d'arrérages.

La future épouse sera tenue de limiter son hypothèque légale pour raison de ladite rente à un immeuble présentant en premier rang une valeur de et un revenu net de ; et dans le cas où au jour du décès il n'existerait dans la succeisson du futur époux aucun immeuble dans ces conditions, il devra être fourni à la future épouse une garantie en rente sur l'État, soit pour toute la rente viagère, soit pour la portion de cette rente non garantie hypothécairement.

En cas de prédécès de la future épouse, la rente due au futur époux lui sera garantie en une rente sur l'État ou en une hypothèque dans lesdites conditions.

Ou bien remplacer ainsi ces deux paragraphes :

La rente due au survivant quel qu'il soit lui sera garantie en une rente sur l'État ou en une hypothèque suffisante.

En tout temps les héritiers ou représentants du prémourant pourront convertir la garantie de rente sur l'État en une garantie hypothécaire et réciproquement l'hypothèque en rente ; comme aussi, ils pourront en toute circonstance demander une translation de ladite hypothèque d'un immeuble sur un autre immeuble dans lesdites conditions.

L'inscription hypothécaire qui pourra exister au jour du décès du survivant pour sûreté de sa rente devra être rayée sur la simple représentation de l'acte de décès de l'époux rentier (*ou de l'acte de célébration de son second mariage*), et la mention d'usufruit sur toute inscription de rente donnée en garantie, devra disparaître au moyen de la même représentation.

Enfin l'époux survivant ainsi que les héritiers de l'époux prémourant auront l'un et l'autre la liberté, le survivant de demander en payement, et les héritiers du prémourant de livrer en payement de la rente viagère, un capital au denier dix de cette rente, à titre d'extinction. Mais cette faculté ne pourra être exercée respectivement que durant les deux années qui suivront le décès du prémourant et à la charge d'avertissement mois d'avance. — Ces deux années étant écoulées, aucune des parties ne pourra se prévaloir de ladite faculté qui deviendra de plein droit non avenue. Les héritiers du prémourant pourront exercer cette faculté divisément suivant leur portion héréditaire.

---

153. Donation d'une rente viagère à la future épouse.

Le futur époux fait donation à la future épouse, qui accepte, d'une rente annuelle et viagère de (*on peut dire* : incessible et insaisissable) dont la future sera saisie par le seul fait de la célébration du mariage pour en jouir pendant sa vie, à compter du jour du décès du futur époux, et dont les arrérages, indivisibles entre les débiteurs, lui seront payés de trois mois en trois mois au domicile qu'elle indiquera.

Voir, pour les conditions accessoires, la formule de donation mutuelle d'une rente viagère et la formule plus succincte qui va suivre.

Laquelle rente sera garantie par une inscription sur l'État, moitié 4 et demi et moitié 3 pour 100, de manière à ne point changer les payements trimestriels sus-indiqués, ou par une inscription sur un immeuble à , présentant en premier rang une valeur double du capital au denier vingt de ladite rente, suivant le prix d'acquisition, avec obligation pour la donataire de consentir toute restriction d'hypothèque et toute translation d'hypothèque d'un immeuble sur un autre immeuble, ou toute conversion d'inscription sur l'État en inscription sur immeuble, et *vice versa* dans les termes de garantie sus-indiqués à la première demande du débiteur de ladite rente.

Cette donation ne se confondra pas avec la donation mutuelle stipulée ci-après, s'il n'existe pas d'enfants du mariage ; mais s'il existe des enfants, la future épouse devra opter entre ces deux donations (1).

---

(1) *Les donations mutuelles qui terminent ordinairement les contrats sont des donations de biens à venir qui ne confèrent au donataire aucun droit actuel. — Au contraire, par l'effet de la donation dont il s'agit, la future épouse se trouve saisie d'une créance contre son mari dont le payement est seulement soumis à l'événement d'une condition, et elle peut exercer tous ses droits pour la conservation de cette créance pendant l'existence même de son mari et contre les créanciers de celui-ci, soit par son hypothèque légale, soit en prenant part à toute contribution de sommes mobilières, sauf ce qui est dit au Code de commerce.*

154. Donation de deux rentes viagères, l'une invariable, l'autre variable suivant l'importance de la communauté.

Le futur époux fait donation à la future épouse, qui accepte, de deux rentes annuelles et viagères ci-après fixées, incessibles et insaisissables, dont elle sera saisie par le seul fait du mariage, et dont les arrérages indivisibles entre les héritiers et représentants du futur époux seront payés à la future épouse de trois en trois mois pendant sa vie, à partir du décès du futur époux, au domicile à   , qu'elle indiquera, sans qu'elle soit tenue de produire un certificat de vie, tant qu'elle touchera personnellement :

1ment D'une rente annuelle et viagère invariable de 3,000 francs.

2ment Et de telle rente annuelle et viagère qui sera nécessaire pour compléter à la future épouse une autre rente de 5,000 francs, avec l'intérêt calculé à forfait sur le pied de 5 pour 100 des sommes et valeurs qui adviendront à la future pour la remplir de sa moitié dans les bénéfices nets de la communauté stipulée par le présent contrat, de sorte que si cette moitié s'élevait à 50,000 fr., la rente complémentaire à fournir à la future épouse serait de 2,500 fr., et que si cette moitié s'élevait à 100,000 fr. il n'y aurait lieu à aucune rente complémentaire.

Dans le cas où, contre toute attente, la future épouse n'appréhenderait rien dans la communauté par suite de sa renonciation à cette communauté, elle aurait droit à la totalité desdits 5,000 fr. de rente viagère, ce qui porterait à 8,000 fr. la rente à servir à la future épouse, en vertu du présent article.

La future épouse sera tenue de limiter son hypothèque légale, etc.

---

155. Donation d'une somme fixe en toute propriété.

Le futur époux fait donation à la future épouse, pour le cas où elle lui survivrait, ce qu'elle accepte :

D'une somme de   , à prendre sur les plus clairs deniers de la succession du donateur, pour la future épouse, en cas de survie, jouir et disposer de ladite somme comme de chose lui appartenant en toute propriété à partir du jour du décès du futur époux. Cette somme sera exigible un an après le décès du donateur, et elle produira de plein droit, à partir du jour de ce décès, des intérêts à   pour cent par an, payables en même temps que le principal.

Les futurs époux font donation au survivant d'eux, ce qui est accepté respectivement, de l'usufruit pendant la vie du survivant, à partir du jour du décès du prémourant d'une somme de à prendre dans les apports et dot du prémourant ou dans les biens et valeurs qui en seront la représentation. 156. Donation de même nature combinée avec un apport en nue-propriété et avec une réserve de droit de retour.

La donation faite par le futur à la future s'exercera d'abord sur l'apport en mariage du futur époux, et subsidiairement seulement sur la dot constituée au futur époux.

Dans le cas où au jour du décès du futur époux, M. , usufruitier de la somme de , comprise dans l'apport du futur époux, existerait encore, cette donation n'en porterait pas moins de préférence sur cette partie d'apport avant de s'étendre sur ladite dot, sauf à la future épouse, pour avoir l'usufruit complet d'une somme de , à prendre momentanément sur la dot, somme suffisante jusqu'au décès de M. .

Il est convenu que le survivant des futurs époux cessera de jouir de la présente donation du jour où il convolerait à de secondes noces (1), *ayant un ou plusieurs enfants du présent mariage.* 157. Révocation de donation en cas de convol.

Dans le cas où M convolerait à de secondes noces avec une personne moins âgée que lui ou ayant des enfants, la présente donation cessera par ce seul fait et de plein droit, l'intention formelle de la donatrice, dans l'intérêt des enfants qu'elle laissera, étant que son mari ne puisse se remarier qu'avec une personne demoiselle ou veuve sans enfants, et en tout cas d'un âge au moins égal à celui dudit sieur son mari, et la donatrice voulant que, dans le cas où cette condition essentielle pour elle et ses enfants ne serait pas exécutée dans un second mariage, l'usufruit présente- 158. Autre.

---

(1) *Cette restriction en termes absolus peut être contestée. — Plusieurs arrêts l'ont déclarée impossible, comme entravant la liberté du mariage et comme contraire à la morale. — Mais on peut considérer les secondes noces comme l'expiration d'un délai au lieu d'une condition, et dire :* A PARTIR DU JOUR DU DÉCÈS DE M. X... JUSQU'AU JOUR DU SECOND MARIAGE DE LA DITE DAME, *et conséquemment, au plus tard, jusqu'au jour du décès de la future épouse.*

ment donné cesse immédiatement de plein droit et accroisse ainsi à la nue propriété de ses enfants.

---

159. Donation sans condition de survie. En considération du mariage, le futur époux fait donation irrévocable et sans condition de survie à la future épouse, qui accepte et qui en est saisie dès à présent :

D'une rente sur l'État français, 4 et demie pour cent, de la somme de , inscrite au nom du futur époux sous le n° de la série.

Pour la future épouse avoir droit aux arrérages de ladite rente dès le et en disposer comme bon lui semblera en toute propriété.

A l'effet de quoi ladite rente sera immatriculée au nom de la future épouse, purement et simplement après la célébration du mariage, sur la production au Trésor d'un certificat de propriété qui sera délivré par le notaire soussigné.

MODÈLE

De l'acte à rédiger pour constater la signature du chef de l'État.

Et le 160.

Par-devant Mᵉ et Mᵉ son collègue, notaires à , soussignés.

A COMPARU :

M. (*prénoms, nom, qualités et demeure du futur époux*)

Lequel a dit que Sa Majesté a bien voulu donner son agrément au mariage qu'il a contracté (*ou se propose de contracter*) le avec Mˡˡᵉ (*prénoms, nom, qualités et demeure de la future épouse et de ses père et mère*).

Duquel mariage les conditions civiles ont été réglées par contrat passé devant ledit Mᵉ et son collègue, le dont la minute précède.

Et que veut bien apposer sa signature audit contrat.

En conséquence, il a requis Mᵉ , l'un des notaires soussignés, de se transporter immédiatement au Palais de à l'effet de présenter ledit contrat de mariage à Sa Majesté et de recevoir sa signature ensuite des présentes.

A l'instant, Mᵉ et Mᵉ accompagnés de M. (*nom du futur*) se sont rendus au Palais de

Où les présentes ont été signées par Sa Majesté .

Fait et passé pour Sa Majesté , au Palais de .

Et pour M. en l'Étude .

Les jour, mois et an susdits.

Et M. a également signé avec les notaires après lecture faite.

AUTRE.

---

261. Et le

. . . .

. . . .

Sur l'avis qui a été transmis aux notaires soussignés que Sa Majesté daignait donner son agrément au mariage de M. avec Mlle , dont les conditions civiles précèdent, les notaires soussignés, à la réquisition des parties contractantes, dénommées audit contrat de mariage, dont la minute précède, se sont transportés avec M. (*futur époux*) au Palais de , et admis à l'audience de Sa Majesté , ils ont eu l'honneur de recevoir sa signature.

Dont acte fait et passé à , au Palais de .

Et a, Sa Majesté , signé les présentes qui ont été également signées par M. *futur époux*) après lecture faite.

MODÈLE

Du certificat à remettre à l'officier de l'état civil avant la célébration du mariage.

Cejourd'hui *(date en toutes lettres)*. 186 .

Le contrat de mariage de :

M. *(noms, prénoms, qualités et demeure du futur)*.

Et Mad *(noms, prénoms, qualités et demeure de la future)*.

A été passé devant moi Notaire à soussigné, qui en ai la minute;

Et je leur ai délivré, conformément à la loi, le présent certificat, pour être remis, ainsi qu'ils en sont avertis, à l'officier de l'état civil, avant la célébration de leur mariage.

Paris. — Imprimé par E. Thunot et Cⁱᵉ, 26, rue Racine.

PARIS. — IMPRIMÉ PAR E. THUNOT ET Ce, RUE RACINE, 26.

www.ingramcontent.com/pod-product-compliance
Ingram Content Group UK Ltd.
Pitfield, Milton Keynes, MK11 3LW, UK
UKHW021101260726
13994UKWH00002B/627